信贷法律风险预警与防范

核心风险17讲

李张平◎编著

中国法治出版社
CHINA LEGAL PUBLISHING HOUSE

序 言
Preface

2024年在匆忙中成为过去时，总结过去的一年，忙碌平淡却不失生活馈赠的小确幸。感恩生活，感恩遇到的贵人！

写书是出于情怀。由于知识储备有限，每次编写的过程都是"痛并快乐着"。从起草初稿到出版需经过三四轮的修改，过程中总想放弃，却又不甘，最后完成时有点"劫后余生"的感觉。唯一的心愿是我的努力能够帮助到从事信贷工作的朋友。

2023年10月底召开的中央金融工作会议强调"守住不发生系统性金融风险的底线"。2024年12月中央经济工作会议提出2025年经济工作的重点任务时强调"防范化解重点领域风险，稳妥处置地方中小金融机构风险"。撰写本书的目的是提醒商业银行等金融机构关注那些在信贷业务中易忽视的、当下政策却很重视且又提出新要求的信贷风险问题。控制风险最好的办法是预防，在大量的调研与实践基础上及时总结经验，才能准确预测风险，最终防范化解风险。2024年度，我以信贷法律培训的方式与一百多家商业银行、担保公司、小贷公司等信贷机构进行交流。最大的收获是收集到了全国各地学员有关信贷法律问题的反馈意见。这些宝贵的反馈信息价值非凡，无疑是另一种形式的专题调研。另外，我作为执业律师于2021年成立了专门为信贷机构提供法律服务的律师事务所，三年来提供了法律咨询、案件代理上千余件，能够使我从实践中总结实务经验并挖掘出典型案例。课题调研与律师实践的有效结合，我能够较为全面地总结过去一年信贷机构关注度较高的法律问题，并提出切实可行、可操作性强的风险化解措施。本书结合新出台的法律、司法解释及监管新规，筛选出最具代表性的十七个信贷法律风险专题。同时，这十七个专题也是对未来主要信贷法律风险的预测。

编写过程中，感谢培训团队和律师团队的伙伴们的热情参与和大力支持。感谢你们使我获得了丰富的调研数据和实践案例，让我编写本书有了底气和动力。

《论语·子罕》有言：譬如为山，未成一篑，止，吾止也；譬如平地，虽覆一篑，进，吾往也。期待未来能筑起一座信贷法律知识的小山，更期望我的坚持能对从事信贷工作的读者有所裨益。实践中有些争议问题暂时缺少法律、法规或司法解释一一对应，需要用法治体系、法律原则及法官思维去解决。又因我的能力有限，所以我的个人观点仅供读者朋友参考。若读者朋友有更合理、更有说服力的结论，请不吝赐教，我将认真学习，弥补自己的不足。

李张平

2025 年 5 月 9 日

目 录
Contents

第一讲　《民法典》关于信贷主体资格的规范及合规要求 ……… 1

　一、《民法典》关于民事主体的分类 ……………………… 1

　二、《民法典》关于借款主体资格的规范 ………………… 2

　三、《民法典》关于担保主体资格的限制 ………………… 6

　四、实务总结与风险提示 …………………………………… 8

第二讲　夫妻共同债务的认定标准及审判实践中的主流观点 …… 10

　一、《民法典》关于夫妻共同债务的认定规则 …………… 10

　二、审判实践中主流裁判观点 ……………………………… 12

　三、对隐瞒婚姻关系的调查方法 …………………………… 14

　四、风险提示与实务操作 …………………………………… 16

第三讲　《民法典》时代按揭贷款业务维权新思路与新风险 …… 17

　一、商品房按揭贷款业务的特征和风险 …………………… 17

　二、《物权法》时代商品房预告抵押登记制度的意义
　　　与不足 ………………………………………………… 19

　三、新规下抵押预告登记可转化为正式抵押登记 ………… 20

　四、"鱼和熊掌"的抉择 …………………………………… 24

　五、购房人因开发商违约解除买卖合同对贷款人的
　　　不利影响 ……………………………………………… 27

六、按揭贷款业务风险提示与实务操作 ················· 28

第四讲 抵押人无权处分行为对抵押权的影响及风险防范 ········· 29

一、已办理抵押登记不影响抵押合同被认定无效 ············· 29

二、夫妻一方擅自将共有房屋抵押的合同效力认定 ············ 31

三、房屋委托代持关系下无权处分行为对抵押权的影响 ·········· 36

四、无权处分行为对抵押贷款业务的风险提示 ··············· 38

第五讲 对影响抵押物处置的权利负担的有效识别与风控建议 ······ 40

一、"抵押不破租赁"对抵押权的影响 ··················· 40

二、居住权对抵押权的影响 ·························· 43

三、购房人物权期待权与抵押权之间的较量 ················ 46

四、实务操作与风险提示 ··························· 48

第六讲 司法查封对抵押权行使的被动影响与积极应对 ········· 50

一、依法设立抵押权享有优先受偿权 ···················· 50

二、抵押物被查封丧失优先处分权 ····················· 51

三、确保优先处分权的积极措施 ······················ 54

四、风险提示与实务操作 ··························· 55

第七讲 《民法典》时代抵押权附属权利登记的重要意义及操作实务 ·· 56

一、抵押担保范围的登记 ··························· 56

二、禁止或限制转让条款的登记 ······················ 60

三、禁止或限制设定居住权条款的登记 ··················· 64

第八讲 最高额抵押担保在操作中的误区与核心风险控制 ········ 67

一、最高额抵押担保的概念与特征 ····················· 67

二、最高债权额的正确理解 ·························· 71

三、最高额抵押登记的申请 ·························· 72

四、最高额抵押担保的债权确定 ·················· 73

　　五、实务操作中普遍存在的困惑 ·················· 75

　　六、最高额抵押担保业务核心风险控制 ·············· 78

　　七、风险提示与操作指引 ······················ 80

第九讲　不同担保方式的担保期间及超期的不利后果 ·········· 82

　　一、保证担保适用保证期间制度 ·················· 82

　　二、抵押担保适用抵押期间制度 ·················· 86

　　三、质押担保适用的质押期间同抵押期间制度一致 ········ 91

第十讲　担保人免责的法定情形及风险防范 ··············· 93

　　一、担保人免责的事由与范围 ··················· 93

　　二、担保人免责的法定情形 ···················· 95

　　三、实务操作与风险提示 ····················· 108

第十一讲　借名贷款面临的三大风险及防范措施 ············ 109

　　一、借名贷款的法律特征 ····················· 109

　　二、借名贷款在监管上的风险 ··················· 111

　　三、借名贷款在刑事上的风险 ··················· 112

　　四、借名贷款在民事上的风险 ··················· 113

　　五、实务总结与风险防范 ····················· 119

第十二讲　新规背景下合同面签规则及实务操作 ············ 121

　　一、信贷合同面签技巧 ······················ 121

　　二、"三办法"关于"面签"与"面谈"制度的新要求 ··· 123

　　三、新规背景下信贷合同提示与说明义务的履行标准 ····· 125

　　四、合同面签正确适用"看人不看章"原则 ··········· 132

　　五、合同面签实务操作与风险防范 ················ 138

第十三讲　风险分类新规背景下贷款重组的合规要点与法律风险……… 139

一、贷款重组的适用场景 ………………………………………… 139

二、贷款重组的表现形式及监管要求 …………………………… 140

三、贷款展期的合规要点与法律风险 …………………………… 142

四、借新还旧的合规要点与法律风险 …………………………… 146

五、无还本续贷的最新政策与合规要点 ………………………… 150

第十四讲　金融犯罪对民事维权程序与信贷合同效力的负面影响……… 153

一、常见金融犯罪的构成要件与追诉标准 ……………………… 153

二、刑民交叉背景下民事维权程序的选择 ……………………… 161

三、刑民交叉背景下信贷合同效力的认定 ……………………… 164

四、实务操作与风险提示 ………………………………………… 167

第十五讲　公司类贷款业务中实控人的识别与责任设置 ……… 169

一、实控人滥用控制权对公司贷款的不利影响 ………………… 169

二、法律对于实控人的约束有限且举证困难 …………………… 170

三、识别实控人与责任设置 ……………………………………… 172

四、实务操作与风险提示 ………………………………………… 175

第十六讲　新《公司法》背景下公司决议审查标准的重新审视 ……… 177

一、公司对外担保必须出具决议 ………………………………… 177

二、公司决议审查标准及操作规范 ……………………………… 180

三、完善公司决议审查标准的建议 ……………………………… 192

第十七讲　当下金融机构破解执行难的深层次探索 …………… 194

一、执行难现象分析与原因调查 ………………………………… 194

二、金融机构全力破解执行难的三处抓手 ……………………… 195

三、关于金融机构执行理念的培养 ……………………………… 196

第一讲 《民法典》关于信贷主体资格的规范及合规要求

当某一客户向商业银行等信贷机构递交贷款申请时，客户经理是否清楚该客户在法律上属于何种民事主体？这是一个基础又十分重要的问题，因为不同的民事主体承担法律后果也不同。《民法典》[①]规定有哪些民事主体，这些民事主体哪些适宜做借款人，不同的借款主体承担债务的后果有何不同，哪些民事主体禁止提供担保，强制提供担保的不利后果是什么？本文重点分析信贷主体的合法性与合规性的审查问题。

一、《民法典》关于民事主体的分类

《民法典》第一编"总则"中的第二章、第三章、第四章对民事主体作了详细规定。民事主体分为自然人、法人及非法人组织三类。

关于自然人：自然人分为个人、个体工商户及农村承包经营户。个体工商户是指从事工商业经营的自然人。农村承包经营户是指农村集体经济组织的成员依法取得农村土地承包经营权，从事家庭承包经营的主体。

关于法人：法人是具有民事权利能力和民事行为能力，依法独立享有民事权利和承担民事义务的组织。法人分为营利性法人、非营利性法

[①] 本书中的法律名称使用简称，以下不另外提示。

人及特别法人。营利性法人主要包括有限公司、股份公司及农民专业合作社等。非营利性法人包括事业单位、社会团体、基金会、社会福利机构等。特别法人包括机关法人、基层群众性组织（居委会或村委会）等。

关于非法人组织：非法人组织不具有法人资格，但是能够依法以自己的名义从事民事活动的组织，包括个人独资企业、合伙企业、非法人专业服务机构（例如律师事务所、会计师事务所）等组织。

关于民事主体的分类详见图示 1-1。

```
           ┌─ 个人
   自然人 ─┼─ 个体工商户
          └─ 农村承包经营户

          ┌─ 营利性法人 — 有限公司、股份公司、农民专业合作社等
民事主体 ─ 法人 ─┼─ 非营利性法人 — 事业单位、社会团体、基金会、社会福利机构等
          └─ 特别法人 — 机关法人、居委会、村委会、农村集体经济组织等

   非法人组织 ─ 个人独资企业、合伙企业等
```

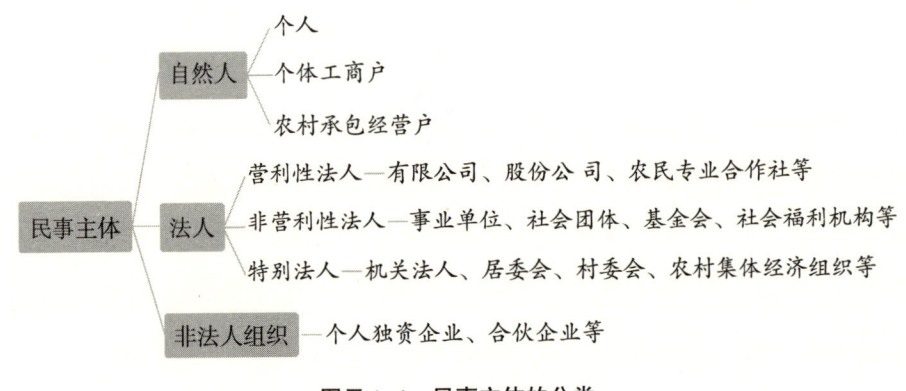

图示 1-1：民事主体的分类

二、《民法典》关于借款主体资格的规范

（一）合法性角度分析借款主体的广泛性

《民法典》等民事法律关于借款人主体资格的禁止或限制没有特别规定，上述三大类民事主体在法律上均可以作为借款主体。在具备完全民事行为能力的情况下，上述三类民事主体与贷款人订立的借款合同应认定合法有效。

（二）合规性角度分析借款主体的合理性

商业银行的合规性本质在于稳健发展、控制风险。即使合法的行为

不一定满足合规的要求，《民法典》虽不禁止或限制借款主体的资格，但从商业银行合规性要求看，笔者建议非营利性法人、特别法人不适宜作为借款主体。人民法院在认定前述两类法人作为借款人的合同效力时，因未违反法律、行政法规效力性规定，应认定合同合法有效。但是，贷款人申请对前述两类法人强制执行时，非营利法人名下的资产主要为公益设施，特别法人名下的财产为政府财产，上述财产因涉及公共利益与私利的冲突等复杂因素，致使执行案件难以推动。

（三）不同借款主体的法律责任与合同设置

1. 关于自然人借款。（1）关于个人借款。个人作为借款人的需注意两个风险点，一是必须为完全民事行为能力人。未成年人、精神病人、丧失生活能力的老年人等属于无民事行为能力人或限制民事行为能力人。二是订立合同时不能"缺乏判断能力"。《民法典》第151条："一方利用对方处于危困状态、缺乏判断能力等情形，致使民事法律行为成立时显失公平的，受损害方有权请求人民法院或者仲裁机构予以撤销。"《最高人民法院关于适用〈中华人民共和国民法典〉合同编通则若干问题的解释》第11条："当事人一方是自然人，根据该当事人的年龄、智力、知识、经验并结合交易的复杂程度，能够认定其对合同的性质、合同订立的法律后果或者交易中存在的特定风险缺乏应有的认知能力的，人民法院可以认定该情形构成民法典第一百五十一条规定的'缺乏判断能力'。"在实践中商业银行判断个人订立合同时"缺乏判断能力"或"缺乏应有的认知能力"不易把握，审判实践中也未有成熟的认定标准。笔者仅针对信贷业务能够提醒信贷机构的有两个细节：一是客户是重大疾病患者或治愈后明显有后遗症的，如脑梗、脑血栓；二是客户发生过重大事故且导致脑部后遗症的，尤其是语言与行为明显异常的。上述细节有可能被认定为"缺乏判断能力"，建议信贷机构慎重与之订立借款合同。

（2）关于个体工商户借款。个人经营的，以个人财产承担；家庭经营的，以家庭财产承担；无法区别的，以家庭财产承担。个体工商户可以起字号，比如"小二黑修理厂"。商业银行向个体工商户放贷时，是以个体工商户的字号签订合同，还是把该个体工商户的负责人作为借款主体？从法律角度，都符合规定。如果以字号作为借款人，依据《民法典》第56条的规定，负责人需对债务承担无限连带责任。依照《最高人民法院关于民事执行中变更、追加当事人若干问题的规定》（以下简称《追加规定》）第13条第2款的规定，法律文书确定的责任主体是个体工商户的字号，执行程序中，申请执行人可直接申请追加其经营者为被执行人，人民法院可以直接执行该字号经营者的财产。如果以负责人作为借款人的，可以执行个体工商户名下的财产，详细可参考"朔州市平鲁区某砖厂与武某满、苗某直执行异议案"[1]。从合规角度，为了支持小微企业贷款业务，满足当下金融政策，建议以个体工商户字号订立借款合同，同时可要求负责人一并作为共同借款人在借款合同借款人栏签字。如果负责人已婚，建议让其配偶作为共同借款人签字。（3）关于农村承包经营户。订立合同时建议同户主订立借款合同，户主已婚的，要求配偶一并签订借款合同。依照《民法典》第56条第2款的规定，一般情况下，农村承包经营户的债务以从事农村土地承包经营的农户财产承担。事实上由农户部分成员经营的，以该部分成员的财产承担。

2. 关于营利性法人借款。（1）关于公司借款。公司法人应以自己的财产对外承担民事责任，股东不需要对公司的债务承担责任，仅以自己认缴的出资额为限承担有限责任。（2）关于农民专业合作社借款。农民专业合作社是在农村家庭承包经营基础上，同类农产品的生产经营者或者同类农业生产经营服务的提供者、利用者，自愿联合、民主管理的互

---

[1] 《朔州市平鲁区某砖厂与武某满、苗某直执行异议案》，入库编号2024-17-5-201-005，载人民法院案例库网站，https：//rmfyalk.court.gov.cn/home.html，最后访问时间：2025年3月19日。裁判要旨：当个体工商户的个人经营者作为被执行人时，既可以执行其个人财产，也可以直接执行该个体工商户名下的财产。个体工商户对此提出案外人异议的，人民法院不予支持。

助性经济组织。农民专业合作社以合作社的独立财产承担。农民专业合作社的财产由成员出资、公积金、国家财政直接补助、他人捐赠以及合法取得的其他资产组成。成员对合作社债务承担的是有限责任，即除了成员账户内记载的出资额和公积金份额外，成员不再对合作社债务承担其他的清偿责任。商业银行为约束公司股东和合作社成员的还款责任，通常会要求股东或成员与之订立连带保证合同对公司或合作社的债务承担连带清偿责任。

3. 关于非法人组织借款。非法人组织主要表现为个人独资企业和合伙企业。个人独资企业和合伙企业虽名为"企业"，但不具有法人资格，其承担债务的方式与营利性法人不同。（1）关于个人独资企业借款。个人独资企业是由一个自然人投资，财产为投资人个人所有，投资人以其个人财产对企业债务承担无限责任的经营实体。《个人独资企业法》第31条规定："个人独资企业财产不足以清偿债务的，投资人应当以其个人的其他财产予以清偿。"第18条规定："个人独资企业投资人在申请企业设立登记时明确以其家庭共有财产作为个人出资的，应当依法以家庭共有财产对企业债务承担无限责任。"依照《追加规定》第13条第1款的规定，个人独资企业名下无可供执行的财产时，申请执行人可以申请追加该个人独资企业的投资人为被执行人，进而请求法院执行该投资人的财产清偿债务。商业银行与个人独资企业订立借款合同时，由负责人签字并加盖个人独资企业公章。（2）关于合伙企业借款。合伙企业是指自然人、法人和其他组织设立的普通合伙企业和有限合伙企业。普通合伙企业由普通合伙人组成，合伙人对合伙企业债务承担无限连带责任。有限合伙企业由普通合伙人和有限合伙人组成。普通合伙人对合伙企业债务承担无限连带责任，有限合伙人以其认缴的出资额为限对合伙企业债务承担责任。依照《追加规定》第14条，作为被执行人的合伙企业，不能清偿生效法律文书确定的债务，申请执行人可以申请追加普通合伙人为被执行人。作为被执行人的有限合伙企业，财产不足以清偿生效法律文书确定的债务，申请执行人可以申请追加未按期足额缴纳出资的有限合伙人为被执行人。商业银行与合伙企业签订借款合同时，由执行事务合伙人签字并加盖合伙企业公章。这里提醒注意，合伙企业作为借款人出现时，法律上并未要求出具类似于公司决议的合伙人同意借款的书面决定。为防止执行事务合伙人未经过其他合伙人同意，私自以合伙人名义借款引发违法发放贷款罪或骗取贷款罪等刑事案件，同时为了规范信贷业务操作，建议商业银行要求全体合伙人出具同意借款的书面决定。

三、《民法典》关于担保主体资格的限制

《最高人民法院关于适用〈中华人民共和国民法典〉有关担保制度的解释》第5条规定："机关法人提供担保的，人民法院应当认定担保合同无效，但是经国务院批准为使用外国政府或者国际经济组织贷款进行转贷的除外。居民委员会、村民委员会提供担保的，人民法院应当认定担保合同无效，但是依法代行村集体经济组织职能的村民委员会，依照村民委员会组织法规定的讨论决定程序对外提供担保的除外。"第6条规定："以公益为目的的非营利性学校、幼儿园、医疗机构、养老机构等提供担保的，人民法院应当认定担保合同无效，但是有下列情形之一的除外：（一）在购入或者以融资租赁方式承租教育设施、医疗卫生设施、养老服务设施和其他公益设施时，出卖人、出租人为担保价款或者租金实现而在该公益设施上保留所有权；（二）以教育设施、医疗卫生设施、养老服务设施和其他公益设施以外的不动产、动产或者财产权利设立担保物权。登记为营利法人的学校、幼儿园、医疗机构、养老机构等提供担保，当事人以其不具有担保资格为由主张担保合同无效的，人民法院不予支持。"《民法典》第399条规定："下列财产不得抵押：（一）土地所有权；（二）宅基地、自留地、自留山等集体所有土地的使用权，但是法律规定可以抵押的除外；（三）学校、幼儿园、医疗机构等为公益目的成

立的非营利法人的教育设施、医疗卫生设施和其他公益设施；（四）所有权、使用权不明或者有争议的财产；（五）依法被查封、扣押、监管的财产；（六）法律、行政法规规定不得抵押的其他财产。"在适用上述有关担保主体资格的规定时，提醒注意以下问题：

一是个人作为担保主体的注意事项。贷前认真调查个人客户的民事行为能力和认知判断能力，相关的注意事项同上文有关个人借款主体的风险分析。

二是非营利性法人不得作为担保人。像民办医院、民办学校这种特殊民事主体，可能是非营利性法人（或非法人组织），也可能是营利性法人（或非法人组织），关键看登记的性质是营利还是非营利。若营业执照（或行政许可证书）上未注明性质，最高人民法院民二庭认为[1]，非营利性民办学校、医院应当到民政部门或事业单位登记管理机关登记为民办非企业单位；至于营利性民办学校、医院，则由原工商行政管理部门（现市场监管部门）办理登记。对于公办学校、医院等非营利机构的公益设施不可以抵押，但公益设施以外的财产可以抵押。实践中商业银行对于公益设施以外的财产不易判断，所以抵押此类有争议的财产存在风险。非公益设施的财产难以判断，但收费权易判断，最高人民法院认为[2]，公办学校、医院的收费权其性质属于应收账款，可以办理收费权质押。

三是特别法人不得作为担保人。（1）机关法人、居委会不得为担保人，对此法律规定非常明确。（2）村委会作为担保人的风险分析。当村民委员会依法代行村集体经济组织职能对外提供担保的，必须依照村民委员会组织法规定的程序讨论决定。依照《村民委员会组织法》第24条规定，涉及借贷、租赁或者其他方式处分村集体财产等事项的，必须经村民会议讨论决定。召开村民会议，应当由本村十八周岁以上村民的过

---

[1] 最高人民法院民事审判第二庭主编：《最高人民法院民法典担保制度司法解释理解与适用》，人民法院出版社2021年版，第126—127页。

[2] 最高人民法院民事审判第二庭主编：《最高人民法院民法典担保制度司法解释理解与适用》，人民法院出版社2021年版，第130页。

半数或者本村三分之二以上的户的代表参加，村民会议所作决定应当经到会人员过半数通过。村民会议可以授权村民代表会议讨论决定前款规定。村民代表会议由村民委员会召集，每季度召开一次，有五分之一以上的村民代表提议，应当召集村民代表会议，且需有三分之二以上的组成人员参加方可召开，所作决定应当经到会人员的过半数同意。（3）村集体经济组织作为担保人的风险分析。依照《农村集体经济组织法》第26条的规定，农村集体经济组织需对外对集体经营性建设用地使用、出让、出租方案等事项作出决定和决定投资等重大事项需经农村集体经济组织成员大会表决。依照第27条的规定，农村集体经济组织召开成员大会，应当将会议召开的时间、地点和审议的事项于会议召开十日前通知全体成员，有三分之二以上具有完全民事行为能力的成员参加。成员大会实行一人一票的表决方式。成员大会作出决定，应当经本农村集体经济组织成员大会全体成员三分之二以上同意。根据前述规定，如此复杂的表决程序，从合规角度上看，笔者不建议同村民委员会、村集体经济组织订立担保合同，风险是容易在表决程序上出现重大瑕疵导致担保无效。

四、实务总结与风险提示

提示一：关于借款主体与担保主体的资格问题。建议商业银行不要与非营利性法人、特别法人订立借款合同、担保合同。前者防止无法执行，后者防止担保合同无效。

提示二：关于个人借款和担保主体注意问题，一是必须为完全民事行为能力人；二是订立合同时不能"缺乏判断能力"。

提示三：关于村民委员会、村集体经济组织的担保人资格问题。前文所述上述两种主体提供担保时需经繁杂的内部表决程序，审查稍有不慎易出现程序上的重大瑕疵。故不建议与上述两种主体形成担保关系。

提示四：关于民办机构的担保人资格问题。实践中民办机构可能为营利性，也可能为非营利性。只有当民办机构是营利性时才具备担保人资格。判断标准重点看执照上有无登记营利性质，若无登记，再依据登记机构作出判断。登记机构为市场监督管理局的，可推定为营利性质。

提示五：关于非营利机构的公益设施抵押问题。因商业银行对于公益设施以外的财产不易判断，故不建议办理该类机构的财产抵押或质押业务，但可以办理像公办学校、医院等非营利机构的收费权质押业务。

第二讲　夫妻共同债务的认定标准及审判实践中的主流观点

夫妻一方以自己名义与信贷机构订立借款合同，法院能否将该借款认定为夫妻共同债务？如果法院认定系夫妻一方债务，执行中只能对该夫妻一方的财产或夫妻共同财产中的一半财产进行执行。商业银行等信贷机构，为了最大限度保障债权的实现，当借款人或担保人为个人时，银行内部一般都会要求调查其婚姻状况，应通过合同设置夫妻共同还款责任。《民法典》对夫妻共同债务的认定标准是如何规定的？地方法院的主流裁判观点是否与法律精神一致？本文依据法律规定并结合审判实践给出分析结论。

一、《民法典》关于夫妻共同债务的认定规则

（一）关于夫妻共同债务认定规则及历史演变

《最高人民法院关于适用〈中华人民共和国婚姻法〉若干问题的解释（二）》（2004年4月1日施行，2021年1月1日废止）第24条规定："债权人就婚姻关系存续期间夫妻一方以个人名义所负债务主张权利的，应当按夫妻共同债务处理。但夫妻一方能够证明债权人与债务人明确约定为个人债务，或者能够证明属于婚姻法第十九条第三款规定情形的除外。"该条解释侧重保护债权人利益，加重了夫妻一方的举证责任。

夫妻一方以个人名义对外举债的，原则上认定为夫妻共同债务，除非夫妻一方能够举证证明争议债务系举债的夫妻一方个人债务或者债权人在债务发生时明知夫妻之间系财产约定制。《最高人民法院关于审理涉及夫妻债务纠纷案件适用法律有关问题的解释》（自2018年1月18日起施行，2021年1月1日废止，以下简称《夫妻共同债务的解释》）改变了之前的关于夫妻共同债务的认定标准，从条文设计看，本条体现了平等保护债权人利益和夫妻双方利益，兼顾维护交易安全与婚姻家庭稳定的理念。为解决实践中争议较大的夫妻债务问题提供了明确的法律依据。概括该司法解释关于夫妻共同债务的规定主要有三层意思：1. 共同签字或事后追认属共同债务。夫妻双方共同在借款合同上签字，或者一方在合同上签字后，事后另一方以"声明"或"承诺"等方式对之前债务予以追认，都应当认定为夫妻共同债务。2. 为家庭日常生活需要所负债务属共同债务。夫妻一方在婚姻关系存续期间以个人名义为家庭日常生活需要所负的债务，债权人以属于夫妻共同债务为由主张权利的，人民法院应予支持。3. 超出家庭日常生活需要所负债务为个人债务。夫妻一方在婚姻关系存续期间以个人名义超出家庭日常生活需要所负的债务，属于举债一方个人债务。但债权人能够证明该债务用于夫妻共同生活、共同生产经营的，属于夫妻共同债务。2021年1月1日起实施的《民法典》第1064条规定："夫妻双方共同签名或者夫妻一方事后追认等共同意思表示所负的债务，以及夫妻一方在婚姻关系存续期间以个人名义为家庭日常生活需要所负的债务，属于夫妻共同债务。夫妻一方在婚姻关系存续期间以个人名义超出家庭日常生活需要所负的债务，不属于夫妻共同债务；但是，债权人能够证明该债务用于夫妻共同生活、共同生产经营或者基于夫妻双方共同意思表示的除外。"本条即吸收了《夫妻共同债务的解释》的内容所作的规定，两者关于夫妻共同债务的认定规则完全一致。

(二) 夫妻共同债务认定规则适用中的争议

《民法典》第 1064 条虽规定了认定夫妻共同债务的规则，但实践中对"家庭日常生活所负债务"的理解存在分歧。即什么是"为家庭日常生活所负债务"？何谓"超出家庭日常生活需要所负的债务"？

1. 为家庭日常生活所负债务。最高人民法院认为[1]，日常家事代理是认定夫妻因日常家庭生活所生债务性质的根据。此类债务主要是日常家事代理范畴所负的债务，为夫妻共同生活过程中产生，以婚姻关系为基础，一般包括正常的吃穿用度、子女抚养教育经费、老人赡养费、家庭成员的医疗费等，是最典型的夫妻共同债务，夫妻双方应当共同承担连带责任。

2. 超出家庭日常生活需要所负的债务。最高人民法院民法典贯彻实施工作领导小组认为[2]，婚姻关系存续期间，夫妻除因行使日常家事代理权形成日常家事债务外，还会与第三人形成其他债权债务关系，如大额借贷、赠与、不动产买卖等。为保护未举债的配偶一方合法权益，法律明确规定此种情况下所负债务原则上不属于夫妻共同债务。将举证责任科以债权人，以倒逼债权人在建立债权债务关系时尽到审慎的注意义务，按照《民法典》第 1064 条第 1 款规定要求举债人的配偶一方签字同意，确保债务形成夫妻双方的共同意思表示，也能够最大限度避免夫妻一方与债权人恶意串通损害另一方合法权益的情况。

二、审判实践中主流裁判观点

尽管最高人民法院对"为家庭日常生活所负债务"做了解读，但实

---

[1] 最高人民法院民法典贯彻实施工作领导小组主编：《中华人民共和国民法典婚姻家庭编继承编理解与适用》，人民法院出版社 2020 年版，第 167 页。

[2] 最高人民法院民法典贯彻实施工作领导小组主编：《中华人民共和国民法典婚姻家庭编继承编理解与适用》，人民法院出版社 2020 年版，第 168 页。

践中地方法院仍难以判断夫妻一方所举之债是否超出家庭日常生活所负的债务。如夫妻一方以自己名义向某商业银行借款10万元，该借款属于大额借贷吗？属于为家庭日常生活所负债务范畴？还是超出家庭日常生活需要所负的债务？不同地域的经济发达程度、家庭收入情况均存在差异，所以地方法院不会仅凭借款金额大小判断是否属于"为家庭日常生活所负债务"，而是从逻辑上先推定为"超出家庭日常生活需要所负的债务"，而后将举证责任分配给出借人。由出借人举证证明夫妻一方所借款项用于夫妻共同生活、共同生产经营或者基于夫妻双方共同意思表示。我们通过最高人民法院有关夫妻共同债务认定的两个入库案例可以得到启发，夫妻双方对于借款行为未"共债共签"的，人民法院应将举证责任分配给出借人。出借人不能完成举证责任的，夫妻一方所借款项只能认定为个人债务。

【典型案例一】

案例检索： 某银行诉张某某、周某某金融借款合同纠纷案[①]

裁判要旨： 夫妻一方在婚姻关系存续期间以个人名义超出家庭日常生活需要所负的债务，不属于夫妻共同债务，但债权人能证明该债务用于夫妻共同生活、共同生产经营或者基于夫妻双方共同意思表示的除外。

案例分析： 涉案贷款金额100万元，系夫妻一方所借。审理法院认为，该借款合同所涉借款金额远超家庭日常生活所需，某银行主张上述借款属于夫妻共同债务，应举证证明该债务用于夫妻共同生活、共同生产经营或者基于夫妻双方共同意思表示。某银行并未提供证据证明，故应承担举证不能的法律责任，其诉请判令夫妻另一方承担共同还款责任，缺乏事实及法律依据，不予支持。

---

① 《某银行诉张某某、周某某金融借款合同纠纷案》，入库编号2023-16-2-103-013，载人民法院案例库网站，https：//rmfyalk.court.gov.cn/？code＝LB_ VKP&state＝w9W7Rdpk25xJDei9OSbkMD3CRH88YJC%252BoFRSZZAzjlksKOayTfHrrNoNpHMwTOJVzUhAI36mD%252Fo%253D#/login，最后访问时间：2025年3月21日。

【典型案例二】

案例检索： 张某、王某诉宋某等借款合同纠纷案[①]

裁判要旨： 借据上只有借款方夫妻中的一人的签名，出借人以属于夫妻共同债务为由主张权利的，应提供证据证明该债务用于借款人夫妻共同生活、共同生产经营或者基于夫妻双方共同意思表示。夫妻另一方对于借款知情，并作出欲还款的意思表示，即便其不知道借款的具体数额，此种情形也应认定为夫妻共同债务。

案例分析： 因涉案借款合同系夫妻一方签名，故审理法院将夫妻共同债务的举证责任分配给出借人。出借人提交了与借款人配偶的微信聊天记录，显示借款人配偶对于欠钱知情，虽不知道数额，但表示想办法还钱。符合《民法典》第1064条"基于夫妻双方共同意思表示"的规定，故审理法院认定，该借款发生在出借人与借款人夫妻关系存续期间，虽然该借款系夫妻一方以个人名义所借，但在出借人与借款人配偶的微信聊天记录中借款人配偶对于欠钱知情，虽不知道数额，但表示想办法还钱，故应认定为夫妻共同债务。

三、对隐瞒婚姻关系的调查方法

信贷机构的客户经理在贷前阶段调查个人借款业务情况时，根据内部要求一般都会询问借款人婚姻状况。如果借款人是已婚状态，客户经理会要求夫妻二人共同签订借款合同。实践中有个别借款人隐瞒已婚事实的现象，目的是不想让配偶共同承担还款责任。这就要求客户经理必须通过有效的调查手段甄别借款人是否存在隐瞒婚姻的事实。我们将客户经理常规的调查手段梳理如下：

[①] 《张某、王某诉宋某等借款合同纠纷案》，入库编号2024-16-2-103-005，载人民法院案例库网站，https：//rmfyalk.court.gov.cn/?code=LB_VKP&state=w9W7Rdpk25xJDei9OSbkMD3CRH88YJC%252BoFRSZZAzjlksKOayTfHrrNoNpHMwTOJVzUhAI36mD%252Fo%253D#/login，最后访问时间：2025年3月21日。

1. 查验结婚证、户口本、人行信用记录。

2. 现场勘验和走访邻舍。

3. 抵押人户籍所在地民政部门查询。通常民政局不接受当事人以外非司法机关人员查询婚姻信息，目前多数省份接受律师持介绍信、律师证查询，信贷机构可委托合作的律师办理尽调业务。

4. 通过中国裁判文书网、中国执行信息公开网查询。在上述网站上输入借款人身份信息，查询其是否有夫妻共同债务情况，进而验证婚姻登记信息，同时也可查询其涉诉情况。

5. 借款人登录【国家政务服务平台】App，从"证照"中查询婚姻登记信息。

图示 2-1：婚姻关系调查方法

我们重点推荐第 5 种方式，让借款人当面登录【国家政务服务平台】查询婚姻信息，迅速辨别婚姻状况。具体操作见图示 2-1。此方法需要提醒，此系统对于年龄过大的人员婚姻信息录入不全，只能查询纸质档案。另外个别省份未开通此查询服务，只能通过其他方式调查婚姻状况。

四、风险提示与实务操作

提示一：对于个人借款业务，信贷机构的客户经理与审查人员要坚决落实"共债共签"的原则。对于面签后发现借款人存在婚姻事实的，及时采取补救措施，要求借款人配偶在"夫妻共同债务承诺书（声明）"签名。对于个人担保业务，原则也要调查担保人的婚姻状况，在查实处于婚姻存续期间的，要求其配偶在担保合同上一并签字。

提示二：对于可能隐瞒夫妻关系的借款人，客户经理需采取有效手段主动调查、核实婚姻状况。建议先使用【国家政务服务平台】查询；不能使用或未查询到借款人婚姻关系的，再通过其他常规手段核实。做好查询痕迹留存工作，目的是尽职免责。

提示三：对于放款后发现借款人隐瞒夫妻关系的，其配偶又不配合补签承诺书或声明的，注意收集可以认定夫妻共同债务的相关证据。包括但不限于以下证据：

1. 夫妻双方共同到银行办理贷款的监控视频；

2. 能够显示借款人配偶知情借款并愿意偿还的电话、微信聊天记录；

3. 对于夫妻双方未完成"共债共签"的，客户经理重点调查资金流向通过关注资金流向查明借款是否用于夫妻共同经营或共同生活，或所得收益归于夫妻共同管理或支配。

第三讲 《民法典》时代按揭贷款业务维权新思路与新风险

商品房按揭贷款业务中购房人出现违约断贷情形，商业银行如何保障债权的实现？《民法典》已实施数年之久，若还按照《物权法》[①] 时代的思维去维权，可能面临债权无法实现的风险。《民法典》及其相关司法解释对按揭贷款违约的保障有无新的思路？若不及时调整维权思路会面临哪些新的风险？本文重点分析《民法典》及其司法解释关于按揭贷款业务违约情形维权新路径以及对当下审判实践中的操作要点展开论述，最后提出防范风险的建议。

一、商品房按揭贷款业务的特征和风险

商品房按揭贷款业务是指购房者在从开发商处购买商品房时，自己先支付一定比例的购房款（首付款），剩余款项向商业银行申请贷款的信贷业务。购房者将所购商品房抵押给商业银行作为担保，而后在约定的期限内按照合同约定的还款方式分期向商业银行偿还贷款本金及利息。需要说明的是本文探讨的按揭贷款业务仅限于一手房交易。

1. 商品房按揭贷款业务中的法律关系。购房人与开发商之间系商品房买卖合同关系，由购房人向开发商支付首付款，开发商按约定交付商

[①] 现已失效，以下不再提示。

品房；因购房人购房能力有限需向商业银行贷款，商业银行受购房人的委托向开发商支付剩余尾款，届时开发商收到全部购房款。购房人与商业银行之间形成按揭贷款合同关系；为了保障贷款的实现，商业银行要求购房人协助办理按揭房屋的预告抵押登记，双方形成预告抵押合同关系；为了确保按揭贷款的安全，商业银行会要求开发商提供阶段性连带保证责任，并质押一定比例的保证金。当按揭房屋办理抵押登记时，开发商的阶段性连带保证责任与质押责任解除。商品房按揭贷款业务涉及的法律关系，详见图示 3-1。

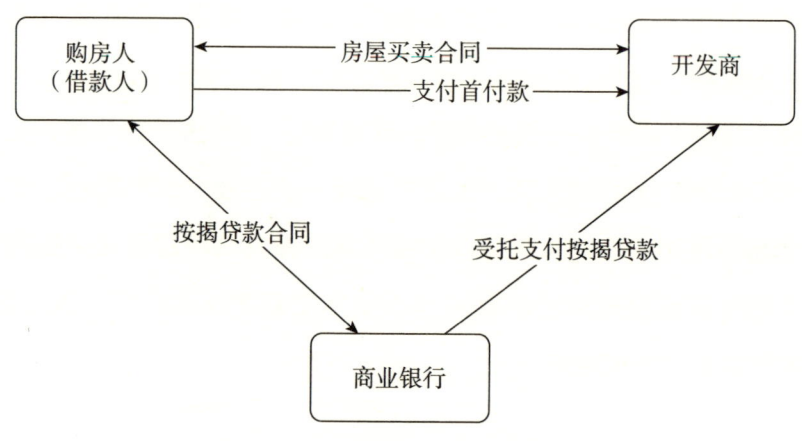

图示 3-1：按揭贷款业务中的法律关系

2. 商品房按揭贷款业务的特征。一是贷款金额大。因为房屋价值较高，所以贷款数额通常较大，往往几十万元甚至几百万元。二是贷款期限长。一般贷款期限会在 10—30 年，这是为了减轻借款人的还款压力，使之能够在较长时间内分期偿还。三是贷款手续相对复杂。银行要对借款人的资格、房屋产权等诸多方面进行详细的调查和审核。四是风险较低并可控。商业银行对借款人的收入、信用等情况进行严格审核，并且要求开发商提供阶段性连带保证责任和质押一定比例的保证金。较之 2023 年前，按揭贷款断贷现象并不明显，开发商仍具有一定的代偿能力，所以相对其他一些贷款类型而言按揭贷款业务的风险较低。

3. 近两年按揭贷款业务风险有所上升。公开的数据来看，无论是不良率升高还是法拍房拍卖率下降，都折射出按揭贷款业务的风险有所上升。后因房地产市场低迷以及首付比例下调等原因，导致购房人偿还能力下降，开发商代偿能力也急剧下降，加之商业银行对新的预告登记制度不熟悉，不懂如何有效处置抵押预告登记的房屋，使得按揭贷款业务风险提高。

二、《物权法》时代商品房预告抵押登记制度的意义与不足

2007年10月1日实施的《物权法》确立了预告登记制度。《物权法》第20条第1款："当事人签订买卖房屋或者其他不动产物权的协议，为保障将来实现物权，按照约定可以向登记机构申请预告登记。预告登记后，未经预告登记的权利人同意，处分该不动产的，不发生物权效力。"按揭贷款业务中，商业银行对按揭房屋办理抵押预告登记后，未经商业银行同意，购房人不得处分该房屋，否则处分行为无效。

按揭房屋具备办理抵押登记条件后，商业银行有权请求购房人配合办理抵押登记。当购房人恶意拖延办理的，比如不办理产权登记，又如不缴纳契税等，导致商业银行无法办理抵押登记。笔者在法院工作时曾裁判过抵押预告登记背景下商业银行请求确认抵押权被驳回诉请的案件。按揭贷款业务中商业银行在司法实践中的困境，恰反映出《物权法》时代预告登记制度的不足。若购房人因其他债务问题导致按揭房屋被第三人申请司法查封，商业银行在不享有优先受偿权的情况下其受偿顺序得不到保障。当购房人出现逾期还贷时，商业银行只能依赖于扣除开发商的保证金用于代偿购房人拖欠的按揭贷款，或者请求开发商承担连带清偿责任的措施。受房地产市场变化等各种因素影响，按揭贷款断贷现象有所提升，贷款金额越高的按揭贷款断贷现象越发明显。开发商质押的保证金已不能满足代偿需求，甚至部分商业银行为了竞争业务不再收取保证金，再加上开发商的代偿能力受房地产市场萎缩等因素影响急剧下

降,《物权法》时代过度依赖开发商代偿的维权路径已行不通,需重新审视新的维权思路。

三、新规下抵押预告登记可转化为正式抵押登记

2021年1月1日实施的《民法典》及《最高人民法院关于适用〈中华人民共和国民法典〉有关担保制度的解释》(以下简称《民法典担保解释》)对于预告登记制度进行了全面完善。商业银行已办理抵押预告登记的,当购房人具备办理抵押登记条件却恶意不配合办理时,商业银行有权向人民法院请求确认对预告登记的房屋享有抵押权,且抵押权的设立时间可以追溯至抵押预告登记之日。此规定意义重大,有效摆脱了购房人恶意不配合办理抵押登记的困境,积极维护了商业银行的合法权益,也保障了按揭贷款业务的交易安全。

(一)抵押预告登记可转化为正式抵押登记的条件

《民法典担保解释》第52条第1款:"当事人办理抵押预告登记后,预告登记权利人请求就抵押财产优先受偿,经审查存在尚未办理建筑物所有权首次登记、预告登记的财产与办理建筑物所有权首次登记时的财产不一致、抵押预告登记已经失效等情形,导致不具备办理抵押登记条件的,人民法院不予支持;经审查已经办理建筑物所有权首次登记,且不存在预告登记失效等情形的,人民法院应予支持,并应当认定抵押权自预告登记之日起设立。"该条司法解释规定了预告登记权利人在具备办理抵押登记条件时可对预告登记房屋主张抵押权。为了正确适用该条规定,最高人民法院民事审判第二庭认为[①]:人民法院在审查预告登记权利人是否具备办理抵押登记条件时,应审查以下三个条件:(1)是否已经

[①] 最高人民法院民事审判第二庭主编:《最高人民法院民法典担保制度司法解释理解与适用》,人民法院出版社2021年版,第459页。

办理建筑物首次登记；（2）预告登记的财产与办理建筑物所有权首次登记的财产是否一致；（3）抵押预告登记是否已经失效。在同时满足以上三个条件时，可以认定具备办理抵押登记条件。

（二）对"具备办理抵押登记条件"的正确理解

根据前述规定，预告登记权利人办理抵押登记需满足三个要件，其中第二个要件"抵押预告登记的房产信息必须与建筑物所有权首次登记的房产信息一致"从文义上理解即可，实践中满足此条件相对容易。关于其他两个要件和需要注意的适用问题，分析如下：

1. 如何理解"建筑物首次登记"

最高人民法院民事审判第二庭认为[1]，"建筑物首次登记"是指，房地产开发企业在建筑物竣工验收后就建筑物所有权办理的首次登记（即俗称的"大产证"），而非指抵押人自房地产开发企业处取得建筑物所有权而办理的首次登记（即俗称的"小产证"）。

2. 关于"自能够进行抵押登记"的起算

《民法典》第 221 条第 2 款："预告登记后，债权消灭或者自能够进行不动产登记之日起九十日内未申请登记的，预告登记失效。"要想防止预告登记失效，必须正确掌握"自能够进行抵押登记"从何时起算？最高人民法院认为[2]，所谓能够进行不动产登记，即指具备办理抵押登记的条件。实践中，由于是否能够办理抵押登记，只有房地产开发企业知情，抵押人或权利人可能都不知情。因此，在认定预告登记失效时，应以抵押人或权利人主观上知道或应当知道能够进行抵押登记之日作为计算 90 天的起点，不能以客观上具备办理本登记条件之日作为计算的起点。根据最高人民法院上述释义，可以得知，从开发商完成建筑物所有权首次

---

[1] 最高人民法院民事审判第二庭主编：《最高人民法院民法典担保制度司法解释理解与适用》，人民法院出版社 2021 年版，第 459 页。

[2] 最高人民法院民事审判第二庭主编：《最高人民法院民法典担保制度司法解释理解与适用》，人民法院出版社 2021 年版，第 450—459 页。

登记时，预告登记权利人具备办理抵押登记的条件，即"自能够进行抵押登记"之时开始起算 90 天。该起算点不应从建筑物所有权首次登记的客观登记时间起算，而应当从预告登记权利人主观知道或应当知道之日起算。比如，开发商完成建筑物所有权首次登记后未告知预告登记权利人，后者一年后才得知此事实，随即要求购房人协助办理抵押登记。在购房人不配合的情况下，预告登记权利人将购房人诉至人民法院，请求确认对预告登记的房屋享有优先受偿权。审理法院审查预告登记权利人是否超期的问题时，预告登记权利人只需说明"我方起诉之时刚知道开发商完成首次登记"，审理法院应当认定预告登记未失效。这里需特别注意，如果开发商或购房人举证证明预告登记权利人"应当知道"开发商完成首次登记的时间已超 90 天，审理法院则会认定预告登记失效。预告登记权利人对预告登记房屋主张的优先受偿权将得不到支持。

3. 其他需要注意的问题

有商业银行信贷人员问：人民法院已确认我行享有优先受偿权后，我行有无必要凭借生效的判决书再向登记机构申请办理抵押登记证明？最高人民法院认为[①]，如果要求当事人在办理抵押登记后才能行使抵押权，则必然导致一个纠纷多次审理。从避免诉累的角度出发，应允许人民法院在诉讼中直接对预告抵押登记权利人是否具备办理抵押登记条件进行审查，并进而判断是否享有抵押权。经查实，如果预告登记权利人仍不具备登记条件，人民法院应驳回其诉讼请求。在具备抵押登记条件时，预告登记权利人仍可再次请求行使抵押权。所以人民法院的裁判文书确认了抵押权后无需再办理抵押登记。

实践中商业银行主张对预告登记房屋享有优先受偿权的诉讼方式有两种：一是购房人处于正常还贷状态，仅是具备办理抵押登记时拖延办理。商业银行担心预告登记失效，遂请求人民法院确认对预告登记房屋

[①] 最高人民法院民事审判第二庭主编：《最高人民法院民法典担保制度司法解释理解与适用》，人民法院出版社 2021 年版，第 457 页。

享有优先受偿权。此情况下，生效判决相当于抵押登记证明。将来购房人违约时，商业银行可主张偿还贷款并拍卖抵押物所得价款用于优先受偿。二是购房人存在严重违约，商业银行宣布按揭贷款提前到期，请求购房人一次性偿还贷款，并主张对预告登记房屋拍卖变卖所得价款享有优先受偿权。商业银行取得胜诉判决后可直接申请强制执行。从《民法典担保解释》实施几年的情况看，第二种情况占多数。购房人在正常还贷情形下，一般会配合商业银行办理抵押登记。当购房人处于长期断贷情形下，同时伴随着对外多项举债，此时往往不配合办理抵押登记。商业银行只能宣布贷款提前到期，要求购房人连本带息一次性还清。同时请求确认对预告登记房屋享有抵押权并对拍卖预告登记的房屋所得价款享有优先受偿权。

4. 预告登记转化为正式抵押登记的审判实践情况

《民法典》现已实施多年，人民法院关于预告登记转化为正式抵押的法律适用已非常成熟，相关判例数不胜数。详见典型案例一。审判实践中，审理法院对于《民法典担保解释》第52条第1款规定的三个要件的审查，重心放在第一个要件"开发商是否完成建筑物所有权首次登记"上，商业银行提供首次登记的复印件或陈述登记事实，审理法院会向登记机构核实。关于第二个要件"预告登记的信息与首次登记的信息一致"仅为形式审查，一般不存在问题。关于第三个要件"预告登记不存在失效"，只要购房人或开发商不抗辩，即使起诉时间超过首次登记90天的，审理法院一般不会主动审查。

【典型案例一】

案例检索：确认预告登记权利人抵押权——潘某优与佛山三水某银行等金融借款合同纠纷案①

基本案情：2018年3月，潘某优向佛山三水某银行借款，用于购买涉案房产，并以所购房产提供抵押担保，办理了以佛山三水某银行为权利人的抵押预告登记。房产开发商为潘某优的借款债务提供阶段性担保。后潘某优未按借款合同的约定时间向佛山三水某银行分期偿还借款，佛山三水某银行遂诉至法院，主张贷款提前到期，请求判令潘某优清偿贷款本金49万元及利息，确认佛山三水某银行对抵押房产享有优先受偿权等。

裁判观点：佛山市中级人民法院生效判决认为，潘某优未按合同约定按期偿还借款，构成违约，佛山三水某银行除有权主张潘某优偿还欠款本息外，亦有权视该合同关于担保的约定，依据《民法典》及相应司法解释的规定主张行使担保权利。根据《民法典担保解释》第52条第1款规定，潘某优与佛山三水某银行约定的抵押房产已办理建筑物所有权首次登记，且不存在预告登记失效等情形，因此，佛山三水某银行依法对该抵押房产享有优先受偿权。2021年8月10日，判决潘某优向佛山三水某银行偿还借款本金49万元及利息，佛山三水某银行有权对抵押房产折价或者拍卖、变卖的价款优先受偿。

四、"鱼和熊掌"的抉择

按揭贷款业务中开发商与商业银行在阶段性连带保证合同中约定：开发商对按揭房屋的贷款承担阶段性连带保证责任。当商业银行办理完按揭房屋的抵押登记或取得抵押权时，开发商不再对按揭贷款承担阶段

---

① 《广东法院贯彻实施民法典典型案例（第二批）》，载广东法院网，http://www.gdcourts.gov.cn/gsxx/quanweifabu/anlihuicui/content/post_1047303.html，最后访问时间：2025年3月21日。

性连带保证责任。实践中，商业银行依照《民法典担保解释》第52条第1款的规定取得抵押权的，人民法院应当支持开发商解除阶段性连带保证责任的请求。

尽管《民法典》实施多年，实践中依然存在这样的现象：当某购房人长期拖欠按揭贷款且不配合办理预告登记转正式抵押登记手续，按揭贷款银行采取宣布贷款逾期到期，要求购房人一次性偿还贷款本息的措施。因开发商开设的保证金账户不足以偿还本笔贷款或不足以覆盖包括本笔在内的全部的不良贷款，按揭贷款银行遂将购房人和开发商一并诉至法院，请求购房人承担还款责任，开发商承担阶段性连带保证责任。

举例说明，笔者的律师团队长期担任某开发商的法律顾问，该开发商在与某商业银行按揭贷款业务合作期间遇到多笔被按揭贷款银行起诉的情况。部分诉讼中，所涉按揭房屋开发商均已办理建筑物所有权首次登记，但按揭贷款银行仅起诉购房人偿还贷款以及开发商承担连带责任。我方律师向按揭贷款银行的代理律师提出异议，为何不对预告登记的按揭房屋请求确认享有优先受偿权？该按揭贷款银行的代理律师对我方提出的异议表示不知有这样的权利。通过我方律师提供相关法律依据并解释说明，对方律师才明白，《民法典》实施后预告登记可转化为正式抵押登记。但对方律师开始纠结，到底该选择确认抵押权还是坚持由开发商承担连带责任，因为银行明白两者不可兼得。我方律师提出，一旦具备将预告登记转化为正式抵押登记，按揭贷款银行如果怠于行使该权利，则扩大了开发商的连带保证责任。即使银行不请求确认抵押权，我方也有权利主张免除阶段性保证责任（详见典型案例二）。同时，我方掌握按揭贷款银行已知情建筑物所有权首次登记的证据，届时按揭贷款银行还面临预告登记失效的风险。届时，按揭贷款银行"鱼和熊掌"都得不到。最终在我方律师的坚持下，按揭贷款银行选择增加确认抵押权的诉讼请求。最终审理法院判决确认按揭贷款银行享有按揭房屋的抵押权，并对开发商的阶段性连带责任予以解除（详见典型案例三）。

【典型案例二】

　　案例检索：揭阳某银行诉陈某某、高某某、某房地产公司金融借款合同纠纷案①，案号：广东省揭阳市中级人民法院（2023）粤52民再6号

　　裁判观点：本案主要的争议焦点有两个。一是关于揭阳某银行对案涉房产是否享有优先受偿权的问题，陈某、高某以案涉房屋为借款合同项下借款向揭阳某银行提供抵押担保，并办理了抵押权预告登记，但揭阳某银行作为约定的抵押权人未在收到案涉不动产权证原件后三个月内申请办理抵押登记手续，案涉房产办理的预售商品房抵押权预告登记已失效，导致不具备办理抵押登记条件。二是关于某房地产公司的保证人责任问题，本案中，某房地产公司已履行了其义务，办理抵押登记手续是抵押权人揭阳某银行和抵押人陈某、高某应当完成的义务，揭阳某银行没有在预告登记有效期内申请办理，怠于行使其权利，造成预告登记失效，应承担相应的法律后果，不应再由某房地产公司承担阶段性连带保证责任。

【典型案例三】

　　案例检索：某银行与某甲、某乙、某地产开发有限公司金融借款合同纠纷一案②

　　裁判观点：关于抵押物的优先受偿权问题，某乙以坐落于某处×号楼1单元×号房产作为抵押物为案涉贷款提供抵押担保，相关抵押约定合法有效，且已依法办理了抵押权预告登记，某银行也取得了不动产登记证明，且不存在预告登记失效情形，故某银行有权对某乙提供的抵押物以折价或拍卖、变卖所得价款享有优先受偿权。关于某地产公司的保证责

---

① 《陈某某、高某某等金融借款合同纠纷再审判决书》，载中国裁判文书网，https://wenshu.court.gov.cn/website/wenshu/181107ANFZ0BXSK4/index.html?docId=gL4HukrAw8KiDcVOGrn1XIaFQYHneO6BZSeci0BtUlXb8Zbzc83cLvUKq3u+IEo4xrhYIUL6n/GD6LQ7ng5tkAliU8nguV0GmR0PFBl6r1/LrLyv4Q8JKiTttG9h1DDV，最后访问时间：2025年3月24日。

② 本案为作者带领的律师团队代理的真实案件经过编辑加工，改编而成。

任问题，《个人购房担保借款合同》约定的保证责任属附解除条件的阶段性保证责任，目的在于与抵押担保形成前后衔接关系，使某银行在享有涉案房屋抵押权之前由某地产公司对某银行的债权实现提供保证担保，在某银行享有对涉案房屋的抵押权的情况下，阶段性保证责任的解除条件即成就，某地产公司不再对本案债务承担保证责任。

五、购房人因开发商违约解除买卖合同对贷款人的不利影响

近两年，按揭贷款业务中商业银行面临着新的法律风险，且尚无有效的救济路径。当按揭贷款业务所涉楼盘发生"烂尾楼"或其他资金链断裂情形时，一方面开发商违约逾期交房，另一方面购房人仍需按约偿还按揭贷款。无论是法律规定还是合同约定，购房人均有向开发商提出解除商品房买卖合同的权利。当商品房买卖合同被解除后，按揭贷款合同的效力状态何去何从？《最高人民法院关于审理商品房买卖合同纠纷案件适用法律若干问题的解释》（以下简称《商品房买卖合同纠纷的解释》）第20条规定："因商品房买卖合同被确认无效或者被撤销、解除，致使商品房担保贷款合同的目的无法实现，当事人请求解除商品房担保贷款合同的，应予支持。"依照上述规定，当商品房买卖合同被解除后，购房人处于自身利益考量会选择请求一并解除其与商业银行之间的按揭贷款合同，人民法院应当支持。当按揭贷款合同被解除后，未偿还的按揭贷款谁来偿还？购房人还是开发商？《商品房买卖合同纠纷的解释》第21条第2款规定："商品房买卖合同被确认无效或者被撤销、解除后，商品房担保贷款合同也被解除的，出卖人应当将收受的购房贷款和购房款的本金及利息分别返还担保权人和买受人。"依照上述规定，按揭贷款合同被解除的，开发商应当将收受的购房贷款本金及利息返还商业银行，将收受的首付款本金及利息返还购房者。

开发商出现"烂尾楼"或其他资金链断裂情形的,这种现象本身就说明开发商已无清偿能力,所以商业银行对按揭贷款清收问题自然头疼不已,即使将来通过"执转破"等程序化解债务危机,实践证明其效果也不尽如人意,而这份风险目前来看只能由商业银行买单。

六、按揭贷款业务风险提示与实务操作

商业银行在办理商品房按揭贷款业务时需掌握新的维权路径并懂得如何操作。

提示一:抵押预告登记要办理。商业银行要改变过去的维权意识,一手房按揭贷款业务的风险再转嫁给开发商已不再是明智之举。一是购房人违约率提高,二是开发商代偿能力下降。若继续将还款来源过度依赖于开发商,按揭贷款风险将得不到有效控制。所以,建议商业银行办理抵押预告登记,为将来取得抵押权做好前提准备。

提示二:主动关注建筑物所有权首次登记的时间。开发商完成建筑物所有权首次登记后未必及时通知商业银行,为了维护贷款安全,建议商业银行内部要求客户经理定期查询开发商首次登记时间,第一时间获知后及时督促购房人办理抵押登记手续。

提示三:购房人不配合办理抵押登记时及时提起确认之诉。商业银行具备将预告登记转化为正式抵押登记却怠于行使时,开发商有权抗辩免除阶段性担保责任。此时,按揭贷款银行也无权再扣除开发商的保证金。当商业银行得知开发商完成建筑物所有权首次登记后,理性做法是应在90天内向购房人提出协助办理抵押登记的要求。留存好向购房人提出要求的凭证。当购房人拒绝或拖延办理抵押登记时及时提起诉讼。起诉时商业银行要先与开发商沟通,争取开发商的配合,避免开发商在法庭上提供对银行不利的证据。

第四讲　抵押人无权处分行为对抵押权的影响及风险防范

夫妻一方擅自将共同共有的房屋抵押给商业银行，并办理了抵押登记，抵押合同会不会被认定无效？房屋的真实权利人委托他人代持房屋并办理权属登记，若代持人擅自抵押给商业银行，并办理抵押登记，抵押合同效力如何认定？商业银行等信贷机构的信贷人员关于抵押登记和抵押合同效力的关系存在误区，他们认为只要办理了抵押登记，抵押合同就不能被认定为无效，抵押权也不能被撤销。这种认识是片面的，那么商业银行对上述抵押业务该如何审查才能确保抵押合同有效？《最高人民法院关于适用〈中华人民共和国民法典〉合同编通则若干问题的解释》对此作出了明确规定。笔者根据相关法律规定、法律原则及判例观点提出防范风险的建议。

一、已办理抵押登记不影响抵押合同被认定无效

《最高人民法院关于适用〈中华人民共和国民法典〉合同编通则若干问题的解释》第13条规定："合同存在无效或者可撤销的情形，当事人以该合同已在有关行政管理部门办理备案、已经批准机关批准或者已依据该合同办理财产权利的变更登记、移转登记等为由主张合同有效的，

人民法院不予支持。"最高人民法院认为①，基于担保的从属性，主合同无效将导致担保合同无效，故即便抵押权已经完成了登记，也会因为主合同的无效而无效，不能以抵押权已经登记为由就认可抵押权的效力，更不得以未办理注销登记为由不敢认定抵押合同无效。根据最高人民法院对上述司法解释的解读，笔者可以得出以下结论：即使债权人已对抵押物办理了抵押登记，若存在抵押合同无效的情形的，并不影响认定抵押合同无效。

《民法典担保解释》第17条规定："主合同有效而第三人提供的担保合同无效，人民法院应当区分不同情形确定担保人的赔偿责任：（一）债权人与担保人均有过错的，担保人承担的赔偿责任不应超过债务人不能清偿部分的二分之一；（二）担保人有过错而债权人无过错的，担保人对债务人不能清偿的部分承担赔偿责任；（三）债权人有过错而担保人无过错的，担保人不承担赔偿责任。主合同无效导致第三人提供的担保合同无效，担保人无过错的，不承担赔偿责任；担保人有过错的，其承担的赔偿责任不应超过债务人不能清偿部分的三分之一。"根据上述规定，抵押合同无效的，抵押人不再承担抵押担保责任，抵押权人丧失抵押权。抵押人有过错的，抵押权人只能根据抵押人的过错程度向其主张一定比例的债务人不能清偿部分的补充赔偿责任。这里的"补充赔偿责任"为普通债权。抵押合同无效的，抵押人可要求抵押权人解除抵押登记，抵押权人不予办理的，抵押人可通过诉讼要求法院判令抵押权人解除抵押登记。

---

① 最高人民法院民事审判第二庭、研究室编著：《最高人民法院民法典合同编通则司法解释理解与适用》，人民法院出版社2023年版，第170页。

二、夫妻一方擅自将共有房屋抵押的合同效力认定

（一）婚姻关系存续期间一方取得房屋的权属判断

《民法典》第209条第1款规定："不动产物权的设立、变更、转让和消灭，经依法登记，发生效力；未经登记，不发生效力，但是法律另有规定的除外。"第216条第1款规定："不动产登记簿是物权归属和内容的根据。"根据法律确立的物权公示基本原则和不动产物权登记生效原则，除法律另有规定外，不动产物权的变动应履行变更登记程序才能发生相应的法律效力。《民法典》第209条所指的"法律另有规定"，指非基于法律行为导致物权变动、法律规定不以登记为生效要件或者登记错误等情形。

《民法典》第1062条规定："夫妻在婚姻关系存续期间所得的下列财产，为夫妻的共同财产，归夫妻共同所有：（一）工资、奖金、劳务报酬；（二）生产、经营、投资的收益；（三）知识产权的收益；（四）继承或者受赠的财产，但是本法第一千零六十三条第三项规定的除外；（五）其他应当归共同所有的财产。夫妻对共同财产，有平等的处理权。"《民法典》第1063条第3项规定："遗嘱或者赠与合同中确定只归一方的财产。"根据上述规定，夫妻在婚姻关系存续期间通过以下方式取得的房屋等不动产，应认定为夫妻共同财产：（1）以夫妻双方或一方名义购买的房屋。（2）夫妻一方法定继承的房屋。提醒注意夫妻一方通过遗嘱继承的方式取得房屋不属于夫妻共同财产，属于继承者的个人财产。（3）夫妻一方获赠的房屋。提醒注意赠与合同明确表示所赠房屋归一方的财产不属于夫妻共同所有，只能是获赠者个人财产。上述法律规定婚内属于夫妻共同所有的房屋还存在一个例外情形，依照《民法典》第1065条第1款的规定，男女双方可以约定婚姻关系存续期间所得的财产

以及婚前财产归各自所有、共同所有或者部分各自所有、部分共同所有。

(二) 夫妻共有房屋登记在一方名下的权属判断

实践中，夫妻双方共同共有的房屋办理权属登记时未将二人一并申请登记为所有权人，仅申请登记为一方。此种情况下，部分地区的登记机构未核实登记房屋在法律上属于夫妻共同共有的状态，或者虽核实清楚但未要求夫妻二人提交婚内财产约定协议，径直将房屋登记在夫妻一方名下。此现象会造成权属证书上的所有权人与法律上夫妻共同共有的事实不一致，此时如何判断房屋的权属？笔者认为房屋仍属于夫妻共同所有，理由如下：（1）《民法典》第二编物权关于不动产物权登记生效原则是一般性规定，法律另有规定的除外。《民法典》第五编婚姻家庭关于夫妻婚内共同财产的规定属于特别规定。根据特别法优于一般法的原则，婚内取得的夫妻共同共有房屋未予登记或登记有瑕疵的，仍应以法律事实为准。（2）法律上的共有状态与权属登记信息不一致的原因是登记机构登记不规范造成的，而非归责于夫妻或抵押权人。多数地区的登记机构登记操作比较规范，当夫妻一方将共同所有房屋登记在自己名下时，登记机构应当查明登记人的婚姻状况及房屋的权属状态。登记人婚姻存续期间取得的房屋，依照上述法律规定当不存在例外情形时所取得的房屋应推定为夫妻共同所有。登记机构查明上述事实后应当向登记人及其配偶释明：原则上登记权属人为夫妻二人，若登记夫妻一方，双方应当向登记机构出具婚内财产约定协议，明确双方自愿将共同共有的房屋归为一方，同意办理权属登记。登记机构应将婚内财产协议备案在登记房屋的档案中，以备利害关系人查询。规范登记机构的登记行为，能够有效避免登记信息与共有状态不一致的情形，确保交易安全。

(三) 商业银行关于夫妻一方无权处分共有房屋的审查标准

根据《民法典》第 301 条规定，处分共有的不动产或者动产以及对共有的不动产或者动产作重大修缮、变更性质或者用途的，应当经占份额三分之二以上的按份共有人或者全体共同共有人同意，但是共有人之间另有约定的除外。夫妻共同共有的房屋在办理抵押担保业务时，需经过夫妻一致同意。若夫妻一方未经另一方同意擅自以共有房屋为抵押物为其债务提供担保，构成无权处分。《民法典》对于无权处分行为规定了善意取得制度，《民法典》第311条第1款规定："无处分权人将不动产或者动产转让给受让人的，所有权人有权追回；除法律另有规定外，符合下列情形的，受让人取得该不动产或者动产的所有权：（一）受让人受让该不动产或者动产时是善意；（二）以合理的价格转让；（三）转让的不动产或者动产依照法律规定应当登记的已经登记，不需要登记的已经交付给受让人。"上述规定描述的是所有权的善意取得，依照《民法典》第311条第3款的规定，善意取得制度同样适用于其他物权。参照所有权善意取得的规定，当善意取得制度适用于抵押权时可以表述为：（一）抵押权人办理抵押担保业务时是善意；（二）抵押权人已向债务人发放贷款；（三）抵押权人已办理抵押登记。抵押权善意取得的三个要件中后两个相对容易满足，第一个要件的认定标准在审判实践中存在争议。关于夫妻一方以共同所有的房屋提供抵押担保时，何谓"善意"？商业银行如何履行审查义务才算满足"善意"？实践中商业银行主要有两种审查标准：一种是仅核实权属证书信息的真实性；二是除了权属登记信息的真实性外，还需审查债务人的婚姻状况和抵押房屋共有状态。法律、监管规定对此未有明确规定。笔者需要参考典型案例来获取对信贷风控的启发。

【典型案例一】

案例检索：XY 银行佛山分行、某石化集团有限公司金融借款合同纠纷案①，案号：最高人民法院（2019）最高法民终 117 号

裁判观点：XY 银行佛山分行作为专业的金融机构，应当具备完善的金融交易知识和相关法律知识，在交易中应承担更多的注意义务，比如核实当事人的婚姻状况、财产状况等。从庭审记录及当事人陈述来看，XY 银行佛山分行均要求肖某某等人的配偶在抵押时出具了《同意抵押声明书》，但其却未要求姚某某的配偶罗某某出具《同意抵押声明书》，可见该行明显未尽到应有的注意义务，且不符合其实际操作的情形，故 XY 银行佛山分行不能认定为善意第三人。同时，姚某某作为具有完全民事行为能力的自然人，理应认识到在未征得作为抵押房屋共同共有人的配偶同意的情况下，在关键条款多为空白的抵押合同上签字的法律后果及由此可能带来的风险，故其应当对其疏于注意的行为和抵押合同的无效承担相应的责任。鉴于本案抵押的房屋为夫妻共有财产，虽未分割，但可合理推定姚某某夫妻各享一半权利。姚某某通常只能处理其享有权利的部分价值，对其余部分的处理属于无权处分，本应无效。XY 银行佛山分行作为专业金融机构应负严格的注意义务。综合双方当事人各自的过错大小、姚某某夫妻二人对于案涉抵押房屋所享有的权益等情况，本院将姚某某应当承担的责任酌情调整为在抵押房屋价值的 25% 范围内承担相应的赔偿责任。

案例评析：对于夫妻一方未经配偶同意擅自抵押共同共有房屋的情形，最高人民法院认为商业银行作为专业的金融机构，应当具备完善的金融交易知识和相关法律知识，在交易中应承担更多的注意义务，比如核实当事人的婚姻状况、财产状况等。本案因 XY 银行未尽到合理审查义

---

① 载中国裁判文书网，https：//wenshu.court.gov.cn/website/wenshu/181107ANFZ0BXSK4/index.html?docId=6CvtfkzasvlN4ikfGnCOkHSKZWe4x3eIGWe8VQt5aqg1UwpVx/LDp/UKq3u+IEo4xrhYIUL6n/GD6LQ7ng5tkAliU8nguV0GmR0PFBl6r18GnUTFzdL2Q+FV+ET1T9Pg，最后访问时间：2025 年 3 月 21 日。

务，认定抵押合同无效。因 XY 银行与抵押人对于抵押合同无效均有过错，故将抵押人应当承担的责任酌情调整为在抵押房屋价值的 25% 范围内承担相应的赔偿责任。

【典型案例二】

案例检索：王某与某某银行某某支行金融借款合同纠纷案[①]，案号：北京金融法院（2023）京 74 民终 1885 号

裁判观点：王某于 2008 年 3 月 26 日取得案涉房屋所有权证书，房屋所有权人登记为王某。2021 年 5 月 17 日，某某银行某某支行（贷款人）与王某（借款人）签订了《循环贷款合同》《最高额抵押合同》，并将案涉房屋办理了最高额抵押登记。王某申请办理案涉贷款时向某某银行某某支行提交了本人签名的婚姻状况声明，显示婚姻状态为离异未再婚，并提交了与管某乙于 2015 年 6 月 8 日离婚的离婚证及离婚协议，离婚协议上载明案涉房屋归王某所有。后经一审判决调查核实，王某提交的上述离婚证与离婚协议系虚假的。王某与管某乙实际于 1997 年 5 月 12 日登记结婚，于 2022 年 7 月 19 日登记离婚，在离婚协议上约定案涉房屋为夫妻共同财产，登记在女方名下，离婚后，双方各占 50% 的份额。王某就案涉房屋设立抵押权时仍处于其与案外人管某乙婚姻存续期间，根据《民法典》第 301 条规定，王某未经管某乙同意擅自以案涉房屋为抵押物为其债务提供担保，构成无权处分。根据本案查明的事实，某某银行某某支行要求王某提交婚姻状况证明。同时，某某银行某某支行对王某婚姻状态还通过个人征信记录进行了审查，在登记簿显示房屋所有人为王某，且评估公司对案涉房屋完成入户调查。根据《民法典》第 311 条规定，应当认为某某银行某某支行在受让案涉房屋时为善意。若以离婚协议查档复印件加盖印章错误为由，认为某某银行某某支行存在过错，实

[①] 载中国裁判文书网，https://wenshu.court.gov.cn/website/wenshu/181107ANFZ0BXSK4/index.html?docId=CXSP9+ncADi5xbIiczj0ug8cqrXbuOYiSLNPZtd8h91KjFc/Jeta//UKq3u+IEo4xrhYIUL6n/GD6LQ7ng5tkAliU8nguV0GmR0PFBl6r1+s8Rq+TRl3ISsNTgKY0dU5，最后访问时间：2025 年 3 月 24 日。

际过分加重了其履行合理审查义务时应符合的标准。某某银行某某支行按约向王某发放了贷款，同时根据《抵押合同》约定，某某银行某某支行作为抵押权人就案涉房屋办理了抵押登记，此时符合善意取得的构成要件，应当认为抵押权已被依法设立。

案例评析：某某银行在办理房屋抵押贷款业务时对抵押房屋权属证书的信息、抵押人婚姻状况及抵押房屋共有状态进行了审查，尽到了合理审查义务，应认定某某银行在办理房屋抵押担保业务时为善意。尽管案涉离婚证及离婚协议书系抵押人伪造，但查证离婚手续的真伪加重了银行的合理审查义务，故不影响构成对抵押权的善意取得。

综合上述两个典型案例的裁判说理，最高人民法院和北京金融法院均认为商业银行在办理房屋抵押贷款业务时除了审查抵押房屋权属登记信息的真实性外，还应对抵押人婚姻状况及抵押房屋的共有状态一并作出审查，才能认定尽到了合理的审查义务，进而善意取得抵押权。

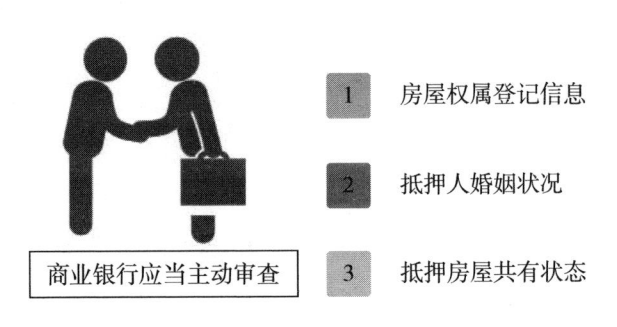

商业银行应当主动审查：
1. 房屋权属登记信息
2. 抵押人婚姻状况
3. 抵押房屋共有状态

图示 4-1：商业银行对房屋抵押的审查要求

三、房屋委托代持关系下无权处分行为对抵押权的影响

生活中经常有委托代持房屋所有权的情况，导致代持协议与权属登记信息不一致。比如甲出资购买一套住房，其基于某种原因将所购住房的权属登记在乙名下。甲为保障自身权益与乙签订代持协议，约定房屋产权仍归甲所有。又比如，甲乙各出资一半购买一套商铺，却将商铺的

产权登记在乙一方名下。甲为保障自身权益与乙订立了产权代持协议，约定各自持有所购商铺50%的产权。

基于上述情形，若甲持有权属证明到商业银行申请抵押贷款，在未告知委托代理事宜情况下，商业银行如何审查才能尽到合理审查义务，才能确保抵押合同有效？笔者认为，商业银行只需审查权属证明的真实性即可，没有义务审查委托代持关系。理由如下：首先，在抵押人隐瞒抵押房屋真实权属状态的情形下，商业银行无从得知权利人与代持者之间的委托代持关系。其次，根据合同相对性原则，权利人与代持者之间的委托代持协议仅能约束彼此二人，对第三人不发生法律效力。最后，《民法典》第209条第1款规定确立的不动产物权公示基本原则和物权登记生效原则，除法律另有规定外，不动产物权的变动应履行变更登记程序才能发生相应的法律效力。委托代持关系不属于不动产物权登记生效原则的例外。综上原因，商业银行在审查了权属登记信息真实的情况下，人民法院应认定商业银行已尽到合理审查义务，抵押合同有效，商业银行享有抵押权。以下是一起委托代持房屋关系下代持人无权处分的典型案例。

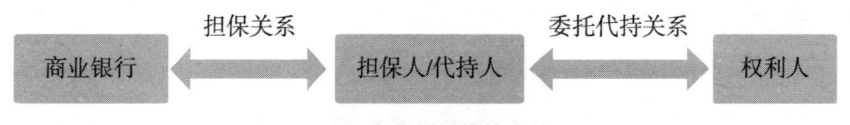

图示4-2：房屋委托代持法律关系

【典型案例三】

案例索引：高某甲、霍某等案外人执行异议之诉民事一审民事案[①]，案号：佛山市三水区人民法院（2024）粤0607民初110号

裁判观点：案涉805房登记于被告高某乙名下，并由被告高某乙保管产权证书，且在被告某某支行的抵押权登记之前，该房产已登记了两个抵押权，依据不动产登记的公示效力，以上情形足以使被告某某支行

[①] 载中国裁判文书网，https：//wenshu.court.gov.cn/website/wenshu/181107ANFZ0BXSK4/index.html？docId＝1Atz40WDHWgqdtWaNfMjrC/2azhjaJaaFBGZ1t/crMfqYOvRFwaIafUKq3u＋IEo4xrhYIUL6n/EphB/8QmpJ0zMeAxYKhWMg8bAM4n7dre6kzAT2Uy4zbZ0fAsz3＋bDC，最后访问时间：2025年3月21日。

确信案涉 805 房为被告高某乙的财产。被告高某乙用案涉 805 房为被告罗某的借款提供担保，被告某某支行的抵押权已登记公示，其已善意取得了案涉 805 房的抵押权。即使如两原告所述，其二人为案涉 805 房的所有权人，被告高某乙的抵押行为为无权处分，但其二人对案涉 805 房享有的权利亦不能对抗被告某某支行善意取得并经生效判决所确认的抵押权。

案例评析：两原告称案涉抵押房产系高某乙为两原告代持，高某乙抵押给某某支行系无权处分，抵押合同无效。审理法院依照不动产物权公示原则和物权登记生效原则，认为某某支行根据权属登记信息判断抵押房屋归属并办理抵押登记，已善意取得案涉房屋抵押权。

四、无权处分行为对抵押贷款业务的风险提示

商业银行等信贷机构在办理个人住房、商业等不动产抵押贷款业务时，必须尽到合理的审查义务，才能确保抵押合同有效性并取得抵押权。在操作中需注意以下风险并做好防范措施：

提示一：商业银行必须调查该个人的婚姻状况和抵押物共有状态。如果商业银行仅根据房屋权属登记信息判断房屋共有状态，一旦登记信息与房屋共有状态不符，将面临抵押合同无效的法律风险。调查抵押物权属时重点调查抵押物的取得原因和获取时间。抵押物可以通过购买、受赠、继承等方式取得，若抵押物取得的时间在婚姻存续期间，除遗嘱继承和赠与合同明确约定赠与一方的情形外，都应推定为夫妻共同财产。

提示二：夫妻一方以夫妻共同共有的房屋提供抵押担保的，商业银行必须要求夫妻共同签订抵押合同并办理抵押登记。对于不动产权属证明上登记为夫妻一方的所有，个别登记机构不但登记行为不规范，还固执地要求商业银行提供的抵押合同上签字的抵押人只能是权属登记的权利人，否则不予办理。此时，商业银行可以按照登记机构的要求办理抵

押登记手续，但一定要记得要求夫妻另一方单独出具对于夫妻共同共有房屋抵押担保无异议的声明。

提示三：商业银行对于委托代持关系的房屋只需审查权属登记信息。房屋委托代持关系下代持人隐瞒代持关系凭借权属证明申请抵押贷款的，商业银行只需审查权属登记信息的真实性即可。对于登记信息背后的房屋委托代持关系没有审查的义务。提醒注意，若抵押人或真实权利人披露了委托代持关系的，商业银行必须书面征得真实权利人的意见。

第五讲　对影响抵押物处置的权利负担的有效识别与风控建议

一般情况下商业银行等信贷机构对抵押物权属登记的真实性予以审查后办理抵押登记，对于抵押物处置的完整性易忽略审查。如抵押物上存在隐蔽的租赁权，又如抵押物上设定了居住权，亦或者抵押人隐藏了已出售的事实等。上述权利负担对于抵押物的处置会产生重大影响，严重的情况下会导致抵押权悬空。商业银行严格对抵押物处分权的完整性审查能有效控制抵押担保的风险。

一、"抵押不破租赁"对抵押权的影响

"抵押不破租赁"，指的是出租人将财产出租并转移占有后，又用该财产设定抵押权时，原租赁关系不受抵押权的影响[①]。承租人在抵押权人处置抵押物时有权利用该原则对抗执行。承租人以案外人的身份提出执行异议，执行法院审查异议期间会裁定中止执行。一旦承租人的异议成立，执行法院将恢复执行，但会在拍卖公告中发布"带租拍卖"。无论是竞拍人竞拍成功，还是流拍后抵押权人接受以物抵债，承租人在剩余的租期内有权继续使用，权利人无权撵走承租人。实践中，经常出现抵押人恶意串通第三人倒签租赁合同提出执行异议阻挠对抵押物的执行。《民法典》对该种逃废债的行为进行了有效制约。

[①] 最高人民法院民法典贯彻实施工作领导小组主编：《中华人民共和国民法典物权编理解与适用》，人民法院出版社 2020 年版，第 1085 页。

（一）《民法典》对抵押权与租赁权冲突规则的新变化

《物权法》第 190 条规定："订立抵押合同前抵押财产已出租的，原租赁关系不受该抵押权的影响。抵押权设立后抵押财产出租的，该租赁关系不得对抗已登记的抵押权。"《民法典》第 405 条规定："抵押权设立前，抵押财产已经出租并转移占有的，原租赁关系不受该抵押权的影响。"通过对比，新法较旧法做了三处修改：

1. 《民法典》将"订立抵押合同前"修改为"抵押权设立前"。因为对于房屋、建设用地等不动产以登记作为生效要件的抵押权而言，只有经过登记，抵押权才能依法设立。故《物权法》以订立抵押合同的时间来判断究竟租赁权在先还是抵押权在先，并不严谨。以抵押权是否设立作为两种权利孰先孰后的判断标准更为适宜。

2. 《民法典》将"抵押财产已出租的"修改为"抵押财产已经出租并转移占有"。《民法典》之所以作此修改，原因有三：一是由于租赁合同只是出租人与承租人之间的法律关系，易出现当事人倒签租赁合同的日期，将租赁合同成立时间故意设置早于抵押权设立时间，侵害抵押权人的利益。二是尽管通过司法鉴定对合同签署日期或笔迹印章的客观时间可能作出鉴定结论，但鉴定结论会因样本或技术差异而具有不确定性。同时，高昂的鉴定成本和漫长的时间消耗，对于有限的司法资源都是浪费。三是《最高人民法院关于审理城镇房屋租赁合同纠纷案件具体应用法律若干问题的解释》（以下简称《租赁合同司法解释》）也认为，占有租赁物所产生的法律效力要高于单纯订立租赁合同的效力。该解释第 5 条对"一房数租"作了详细规定，首先考虑承租人谁先占有租赁物，然后考虑是否办理了租赁备案登记，最后才看租赁合同签订时间。综上，《民法典》采纳了不单纯以租赁合同生效来确定租赁权的设立，还要求承租人同时占有租赁物，两者均满足时，租赁权才有效设立。

3. 《民法典》删除了"抵押权设立后抵押财产出租的，该租赁关系不得对抗已登记的抵押权"。这种情形可以通过《民法典》的相关规定加以解决,无需特别规定。换言之,以登记为生效要件的不动产抵押权,抵押权设立在先,租赁权设立在后的,依据时间先后顺序判断权利先后,在后的租赁权自然不能与在先的抵押权相对抗。以生产设备、原材料、车辆、船舶等动产设立抵押的,是以抵押合同生效时设立,登记属于对抗要件,即不登记不得对抗善意第三人。若动产抵押未经过登记,即使抵押权设立在租赁权之前,承租人作为善意第三人,租赁权也优于抵押权。反之,如果动产抵押权设立在前且办理了抵押登记,抵押权优于租赁权。

(二) 租赁权优先于抵押权的法律后果

《民法典》第725条确定了"买卖不破租赁"原则,即租赁物在承租人按照租赁合同占有期限内发生所有权变动的,不影响租赁合同的效力。《租赁合同司法解释》第14条规定:"租赁房屋在承租人按照租赁合同占有期限内发生所有权变动,承租人请求房屋受让人继续履行原租赁合同的,人民法院应予支持。但租赁房屋具有下列情形或者当事人另有约定的除外:(一)房屋在出租前已设立抵押权,因抵押权人实现抵押权发生所有权变动的;(二)房屋在出租前已被人民法院依法查封的。"根据"举重以明轻"的当然解释原则,连买卖都不能破除租赁,抵押自然也不能破除租赁。所谓"原租赁关系不受该抵押权的影响",理解如下[1]:一是指抵押权的设立不影响原租赁关系的存续,承租人仍可基于租赁合同继续占有使用租赁物;二是指抵押权实现时,只要租赁合同还在合同有效期内,租赁合同对抵押物受让人继续有效,受让人取得的是有租赁负担的抵押物。抵押人在设立抵押时应当将已经设立的租赁权事实告知抵押权人,因抵押人未尽告知义务而导致抵押物价值贬损的损失,抵押权人可

---

[1] 最高人民法院民法典贯彻实施工作领导小组主编:《中华人民共和国民法典物权编理解与适用》,人民法院出版社2020年版,第1086页。

以向抵押人主张。在抵押物拍卖、变卖时，其上有权利负担这一事实受让人是明知的，受让人明知物上有权利瑕疵仍然从事交易应当风险自担。

（三）抵押权优于租赁权时抵押权实现时应当除去租赁权

不动产抵押权设立或者动产抵押合同签订并登记后，抵押人又将抵押财产出租并转移占有的，租赁权不得对抗已经登记的抵押权，即抵押权实现时应当除去租赁权[①]：

1. 关于谁有权除去租赁权。租赁权不得对抗已登记的抵押权，意味着在抵押权实现时，抵押权人有权除去租赁权。抵押权人在实现抵押权时未除去租赁权，导致受让人通过拍卖、变卖等方式取得抵押物所有权时有租赁权负担的，受让人也可以除去租赁权。

2. 关于除去租赁权的时点。除去租赁权的时点可以是抵押权实现之时除去，也可以是抵押权实现之后由抵押物受让人除去。前者是抵押破除租赁，后者是买卖破除租赁。

3. 关于除去租赁权的方式。抵押人在抵押权设定后再将标的物出租，本身并不存在合同无效或者可撤销的情形，应当认为抵押权人或者抵押物受让人享有法定解除权，即在实现抵押权时或者受让抵押物时，其享有依法解除租赁合同的权利，只需以意思表示通知承租人，或者在抵押权实现程序中通知法院即可。

4. 关于承租人的损失问题。承租人应当知道租赁权不得对抗设立在先的已经登记的抵押权，在此情形下其仍然签订租赁合同，应当自担风险。

二、居住权对抵押权的影响

依照《民法典》第366条的规定，居住权是居住权人与产权人书面

[①] 最高人民法院民法典贯彻实施工作领导小组主编：《中华人民共和国民法典物权编理解与适用》，人民法院出版社2020年版，第1087页。

约定居住权人为满足生活需要，对产权人的住宅可以占有、使用，但不得转让、继承、出租的一项用益物权。

(一) 居住权的特征

1. 对他人的住宅享有占有、使用的用益物权。居住权的标的物仅限于他人的住宅，写字楼、商铺等商业用途的不动产不适用居住权制度。

2. 用途只能限于满足生活需要。如果居住权人作为其他用途，比如生产经营，产权人或与住宅有利害关系的人有权请求解除居住权。

3. 必须书面形式签订且办理登记。产权人与居住权人必须签订书面合同，并到登记部门办理居住权登记。居住权自办理登记之日起设立。为了与产权、抵押权登记机构统一，居住权登记也是由不动产登记机构负责。

4. 居住权不得转让、继承、出租。关于转让和继承，法律是绝对禁止的，不论产权人是否允许，都是无效的。关于出租，是相对禁止，只要经过产权人同意，居住权人可以出租。

5. 居住权消灭的两个事由：期限届满或居住权人死亡，应注销登记。居住期限是居住权证上必须注明的事项，当居住期限届满后，居住权消灭。居住权人怠于履行注销义务的，产权人或住宅的利害关系人有权请求法院判决强制注销。

(二) 居住权的适用情形

1. 公租房和廉租房可能会通过"居住权"加以确权。目前公租房和廉租房的所有权一般为地方政府所有，住户和政府只是租赁关系。

2. 老人去世，为保障老伴儿或生前照顾过老人的亲属老有所居。以居住权的方式保障这种住房权利，最为适宜。

3. 居住权能有效解决婚姻关系中产权和使用权分歧问题。婚前财产为个人所有，婚后要不要加名这个问题往往会带来诸多家庭矛盾。居住权的出现，提供了新的解决方案：给另一方永久居住权（只要婚姻存续），而不用让出所有权；离婚后一方没有住所，"一日夫妻百日恩"，分割住房的一方在保留所有权的同时可以让渡一定期限的居住权。

4. 恶意使用居住权逃避金融债务。《民法典》实施以来，债务人或保证人为逃避金融债务而设定居住权的情况时有发生。从《民法典》规定的居住权的特征和条件来看，对于住房的产权人为他人设定居住权没有严格的限制，这就为产权人逃避金融债务而串通第三人恶意设定居住权提供了机会。一旦住房被设定居住权，尤其是永久的居住权，债权人处置该住房实现债权的目的已无可能。这种风险的预防亟须有关居住权制度的完善，一是有待于登记机构规范居住权登记的条件，二是亟须司法解释进一步明确债权人的救济依据。如此才能有效防止债务人或保证人利用居住权制度恶意逃避金融债务。

（三）居住权与抵押权的冲突规则

居住权与租赁权有很大的相似之处，但也存在区别，详见图示 5-1。

	权利名称	居住权	租赁权
相同点	权利性质	均属于用益物权，权利人都不享有所有权，仅是拥有使用权；两者转租都需要经过产权人同意；两者都不可以转让、继承。	
不同点	标的财产	仅限于住宅	没有限制
	使用目的	仅限于生活	没有限制
	设立条件	登记	合同
	是否有偿	一般为无偿	一般为有偿
	使用期限	可以约定无期限	最长租期 20 年

图示 5-1：居住权与租赁权对比

《民法典》对居住权与抵押权的关系没有明确规定，根据居住权与租赁权的相似特征，可以参照《民法典》关于租赁权与抵押权的规定预判居住权对抵押权的影响。参照《民法典》第405条"抵押权设立前，抵押财产已经出租并转移占有的，原租赁关系不受该抵押权的影响"的规定，因居住权通过登记方式设立，故判断其与抵押权的冲突规则，应审查两种权利的登记顺序，即谁先登记谁优先。根据居住权与抵押权设立的先后，居住权对抵押权的影响有两种不同的情形：

1. 居住权设立在前，抵押权设立在后

一是指抵押权的设立不影响原居住权的存续，居住人仍可基于居住权继续占有使用原房屋；二是指抵押权实现时，只要居住权未消灭，原居住权对抵押物受让人继续有效，受让人取得的是有居住权负担的抵押物。

2. 抵押权设立在先，居住权设立在后

居住权不得对抗已经登记的抵押权，抵押权人或抵押财产受让人有权在抵押权实现时请求解除居住关系，并涂销登记。居住人应当知道居住权不得对抗设立在先的已经登记的抵押权，在此情形下其仍设立居住权，风险自担。

三、购房人物权期待权与抵押权之间的较量

商业银行强制执行房屋时第三人以买受人身份提出执行异议，要求排除执行，应如何维权？

（一）第三人对普通债权中查封房屋提出的执行异议

《最高人民法院关于人民法院办理执行异议和复议案件若干问题的规定》第28条规定："金钱债权执行中，买受人对登记在被执行人名下的不动产提出异议，符合下列情形且其权利能够排除执行的，人民法院应

予支持：（一）在人民法院查封之前已签订合法有效的书面买卖合同；（二）在人民法院查封之前已合法占有该不动产；（三）已支付全部价款，或者已按照合同约定支付部分价款且将剩余价款按照人民法院的要求交付执行；（四）非因买受人自身原因未办理过户登记。"此条规定里的"查封"指的是债权人通过保全或执行措施查封了债务人或保证人名下的房屋，这里的"债权"指的是普通债权。第三人以买受人身份提出执行异议，主张查封房屋自己已购买，请求执行法院排除强制执行。第三人必须同时满足上述规定的四个要件，才能够排除强制执行。

（二）第三人对抵押房屋提出的执行异议

若第三人以买受人的身份对抵押的房屋提出执行异议的，则不应适用该上述规定解决争议。解决抵押权人与购房人之间冲突的规则应为《民法典》有关善意取得制度。《民法典》第311条第1款规定："无处分权人将不动产或者动产转让给受让人的，所有权人有权追回；除法律另有规定外，符合下列情形的，受让人取得该不动产或者动产的所有权：（一）受让人受让该不动产或者动产时是善意；（二）以合理的价格转让；（三）转让的不动产或者动产依照法律规定应当登记的已经登记，不需要登记的已经交付给受让人。"上述规定描述的是所有权的善意取得，依照《民法典》第311条第3款的规定，善意取得制度同样适用于其他物权。参照所有权善意取得的规定，当善意取得制度适用于抵押权时可以表述为：(1)抵押权人办理抵押担保业务时是善意；(2)抵押权人已向债务人发放贷款；(3)抵押权人已办理抵押登记。抵押权善意取得的三个要件中后两个相对容易满足，第一个要件的认定标准在审判实践中存在争议。商业银行在办理房屋抵押担保业务时如何履行审查义务才满足"善意"的标准？《民法典》第209条第1款规定："不动产物权的设立、变更、转让和消灭，经依法登记，发生效力；未经登记，不发生效力，但是法律另有规定的除外。"第216条第1款规定："不动产登记簿是物权归属和内容的根据。"根据前述法律确立的物权公示基本原则和不动产物权登记生效原则，除法律另有规定外，不动产物权的变动应履行变更登记程序才能发生相应的法律效力。笔者认为，抵押人将已转让但未办理过户登记的房屋抵押给商业银行的，当商业银行不知道或不应当知道转让事实的，商业银行凭借房屋权属登记信息审查房屋的权属状态符合物权公示基本原则和不动产物权登记生效原则，应认定尽到了合理审查义务，满足"善意"的标准。在符合善意取得制度其他两个要件后，人民法院应认定商业银行取得了抵押权，驳回第三人的执行异议请求。

四、实务操作与风险提示

提示一：抵押登记前必须现场调查抵押物租赁情况。客户经理在贷前阶段必须对拟抵押的不动产通过现场勘验、周边走访等方式调查抵押物上有无隐藏的租赁关系。现场勘验做好视频记录并留档。如果发现抵押物已出租的，需经过承租人出具书面承诺，明确表示抵押权人处置抵押物时放弃租赁权的抗辩。若承租人不配合，客户经理需要求债务人更换抵押人或抵押物。

提示二：关于倒签租赁合同的救济途径。承租人要求"带租拍卖"的，抵押权人除了审查租赁合同签订情况外，还要重点审查承租人何时占有。承租人有义务提交自己交纳的物业费、水电气费等证据证明自己占有租赁物的客观时间。即使租赁合同签订在抵押权设立前，再加上一笔一次性付清的巨额"租金"流水作为粉饰，但只要租赁物交付占有在抵押登记后，人民法院应当认定抵押权优先。

提示三：办理抵押登记前先查询居住权登记情况。客户经理拟对某套住房办理抵押登记前除了查询不动产登记簿外，还需向不动产登记机构查询居住权登记情况。一旦拟抵押住房设定了居住权，客户经理需要求债务人更换抵押人或抵押物。

提示四：关于买受人执行异议的救济。第三人以买受人名义对抵押物提出执行异议请求排除强制执行的，抵押权人正确的维权依据是《民法典》第311条善意取得制度。抵押权人在不知情买卖关系，仅审查抵押人的权属信息真实情况下办理抵押登记并发放贷款的，应认定善意取得抵押权。

第六讲　司法查封对抵押权行使的被动影响与积极应对

商业银行等信贷机构依法设立抵押权后享有优先受偿权，但若抵押物被其他债权人申请人民法院查封，则由首先查封的人民法院负责处分查封财产。当首先查封的法院拖延执行或拒绝商请移送的，商业银行该如何维护自身的优先受偿权？商业银行为确保抵押物及时处置，需取得抵押物的执行处分权，该如何积极采取措施？

一、依法设立抵押权享有优先受偿权

依照《民法典》第 402 条的规定，不动产的抵押权自登记时依法设立。依照《民法典》第 403 条的规定，动产的抵押权自抵押合同生效时设立，但是未经登记不得对抗善意第三人。笔者建议商业银行办理车辆、机器设备等动产抵押担保业务时，为防止买受人或顺位抵押人提出抗辩，建议办理抵押登记。《民法典》第 394 条第 1 款规定："为担保债务的履行，债务人或者第三人不转移财产的占有，将该财产抵押给债权人的，债务人不履行到期债务或者发生当事人约定的实现抵押权的情形，债权人有权就该财产优先受偿。"按照前述规定，抵押权人依法设立抵押权后享有优先受偿权。

二、抵押物被查封丧失优先处分权

首先查封法院是指首先查封、扣押、冻结财产的法院，以下简称首封法院。优先债权法院是指对查封的财产享有顺位在先的担保物权、优先权的法院，以下简称优先权法院。执行处分权通常是指人民法院依照法定程序，运用国家强制力量，根据执行文书的规定，强制民事义务人完成其所承担的义务，以保证申请执行人的权利得以实现的权力。当商业银行的金融债权进入执行环节后发现自己的抵押物被其他法院查封时，抵押物应由优先权法院还是首封法院启动执行处分权？

（一）执行财产的处分权由首封法院行使

依照《最高人民法院关于首先查封法院与优先债权执行法院处分查封财产有关问题的批复》（法释〔2016〕6号，以下简称《批复》）第1条的规定，执行过程中，应当由首先查封、扣押、冻结法院负责处分查封的财产。依照《最高人民法院关于人民法院执行工作若干问题的规定（试行）》第56条的规定，对参与被执行人财产的具体分配，应当由首先查封、扣押或冻结的法院主持进行。根据前述规定，多个债权人针对同一被执行人名下的财产，不论是普通债权，还是优先债权，只有首封法院有权利处分该财产。

（二）首封法院与优先权法院在财产分配中的清偿顺序

《最高人民法院关于适用〈中华人民共和国民事诉讼法〉的解释》第508条规定："参与分配执行中，执行所得价款扣除执行费用，并清偿应当优先受偿的债权后，对于普通债权，原则上按照其占全部申请参与分配债权数额的比例受偿。清偿后的剩余债务，被执行人应当继续清偿。债权人发现被执行人有其他财产的，可以随时请求人民法院执行。"依照该规定，后查封的债权人，即便享有抵押权，也需要由先查封的法院进行处分，其只能主张参与分配。查封法院执行所得价款扣除执行费后，应当清偿优先受偿的债权，然后才是普通债权。也就是说普通债权虽然查封在先，享有的是对查封财产的执行处分权，而不是清偿顺位上的优先权。

（三）首封法院怠于执行时优先权法院可以商请移送

依照《批复》第1条的规定，自查封法院首先查封之日起已超过60日，且首先查封法院就该查封财产尚未发布拍卖公告或者进入变卖程序的，优先债权执行法院可以要求将该查封财产移送执行。依照《批复》第2条规定，优先权法院要求移送执行需满足三个条件：1. 优先债权已进入执行程序；2. 自首先查封之日起已超过60日尚未发布拍卖公告；3. 优先权法院出具商请移送函并附确认优先债权生效法律文书及案件情况说明。上述规定保护了抵押权人的合法利益，当首封法院怠于处分查封财产的，可以申请优先权法院向首封法院要求移送执行。

实践中，还有另一种情形的查封，即诉前或诉讼保全中的查封。当抵押物被其他法院诉讼保全且为首封，但迟迟该案未进入执行，而抵押权债权已进入执行时，如何确定执行处分权？《最高人民法院关于人民法院办理财产保全案件若干问题的规定》（法释〔2020〕21号，以下简称《保全规定》）第21条第1款规定："保全法院在首先采取查封、扣押、冻结措施后超过一年未对被保全财产进行处分的，除被保全财产系争议标的外，在先轮候查封、扣押、冻结的执行法院可以商请保全法院将被保全财产移送执行。但司法解释另有特别规定的，适用其规定。"依照上述规定，保全法院在首先采取查封、扣押、冻结措施后超过一年未对被保全财产进行处分的，在先轮候查封、扣押、冻结的执行法院可以商请保全法院将被保全财产移送执行。实践中优先权法院进入执行程序后对抵质押物进行查封后成为轮候查封，优先权法院根据上述规定可申请保全法院移送执行。

（四）首封法院与优先权法院之间冲突规则

依照《批复》第 2 条第 2 款的规定，首先查封法院应当在收到优先债权执行法院商请移送执行函之日起 15 日内出具移送执行函。实践中，部分首封法院既不出具同意移送执行函，也不主动执行。优先债权法院有何救济途径？《批复》第 4 条规定："首先查封法院与优先债权执行法院就移送查封财产发生争议的，可以逐级报请双方共同的上级法院指定该财产的执行法院。共同的上级法院根据首先查封债权所处的诉讼阶段、查封财产的种类及所在地、各债权数额与查封财产价值之间的关系等案件具体情况，认为由首先查封法院执行更为妥当的，也可以决定由首先查封法院继续执行，但应当督促其在指定期限内处分查封财产。"同理，第三人通过财产保全方式首先查封了抵押物的，法律文书已生效但申请执行人迟迟不申请强制执行时，优先权法院可向保全法院提出商请移送。若保全法院未予答复或不同意移送的，抵押权人如何维护合法权益？《保全规定》第 21 条第 2 款、第 3 款规定："保全法院与在先轮候查封、扣押、冻结的执行法院就移送被保全财产发生争议的，可以逐级报请共同的上级法院指定该财产的执行法院。共同的上级法院应当根据被保全财产的种类及所在地、各债权数额与被保全财产价值之间的关系等案件具体情况指定执行法院，并督促其在指定期限内处分被保全财产。"优先权法院与首封法院发生执行处分权之争时，依照上述规定由优先权法院逐级报请共同的上级法院指定该财产的执行法院。实践中，若两家法院在同一个地区，如大名县和魏县同属于河北省邯郸市，大名县法院作为优先权法院向作为首封法院的魏县法院提出商请移送遭到拒绝，大名法院可向共同的上级法院邯郸市中级人民法院申请指定执行法院。此报请程序相对简便。若首封法院是杭州市钱塘区法院，大名县法院需要先报请邯郸市中级人民法院，再由邯郸市中级人民法院报请河北省高级人民法院，再由河北省高级人民法院报请最高人民法院。此情况报请程序极其复杂且漫长。抵押权人虽有理论上的救济途径，但实际效果不甚理想，抵押物将长期得不到执行。

关于优先权法院与首封法院之争，抵押权人也不必扩大焦虑。实践中多数首封法院是同意移送给优先权法院的。笔者代理的一起某银行执行案中，执行标的5亿元。某银行抵押物是一栋在A市某区的写字楼的-1层至-3层。该抵押物于2021年被A市某中级人民法院首先查封。B市中级人民法院作为优先权法院于2023年进入执行程序，我方遂申请B市中级人民法院到A市某中级人民法院申请商请移送。我方一度担心跨省域的商请移送一旦遭到拒绝，届时B市中级人民法院需层报最高人民法院指定执行法院。但实际上商请移送的程序非常顺利，A市某中级人民法院收到商请移送的当天便完成了书面回函，同意移送执行权。

三、确保优先处分权的积极措施

抵押财产的执行处分权一旦落入首封法院，抵押权人的维权之路将非常被动。当首封法院怠于执行又不协助移送执行的，尽管法律规定了抵押权人的救济途径，但程序复杂且时间漫长，影响抵押物的有效处置。信贷机构除了掌握基本的维权措施外，还应当积极思考如何防止抵押物执行处分权花落他家。过去多数商业银行要么缺乏财产保全的意识，要么只申请法院查控抵押物之外的财产，很少申请保全自身的抵押物。多数商业银行的清收人员有这样的想法：我方享有抵押权，抵押物即使被查封也不会丧失抵押权。但实际遇到的困难并非如此简单，一旦出现被查封情形，抵押物的处置将处于不确定状态，陷入被动局面。所以，笔者建议与其被动寻求救济，不如主动采取措施，让自己既是抵押权人也是首封债权人。具体建议如下：

步骤一：商业银行诉前申请查封抵押物；步骤二：诉讼中申请执行

网络查控[①]，查控除抵押人外的其他被告名下的银行账户、网络平台账务存款。当执行网络查控到账户资金时，因账户资金更便于执行，建议信贷机构申请冻结账户资金。若涉嫌超标的保全的，可变更诉前保全的标的，从诉前查封的抵押物的保全金额中扣除诉中冻结的账户资金部分。

四、风险提示与实务操作

商业银行的抵押物被第三人申请人民法院查封的，应根据不同的情形采取维权措施：

1. 当首封法院进入执行程序时，商业银行应及时向首封法院递交参与分配申请，积极主张优先受偿权。

2. 自首先查封之日起超过60日查封法院就该查封财产尚未发布拍卖公告或者进入变卖程序的，或保全法院在首先采取查封措施后超过一年未对被保全财产进行处分的，商业银行有权申请优先权法院向首封法院商请移送执行权。

3. 当首封法院对于商请移送超期不予回复或拒绝移送的，商业银行有权申请优先权法院逐级报请共同的上级法院指定该财产的执行法院。若抵押人恶意串通第三人捏造事实提起民事诉讼妨害商业银行处分抵押物的，商业银行可提起第三人撤销之诉，将首封法院的执行依据予以撤销。或者向公安机关控告抵押人与第三人涉嫌构成《刑法》第307条之一"虚假诉讼罪"。

4. 为防止抵押物执行处分权的丧失，建议商业银行变被动为主动，积极控制抵押物的执行处分权。当信贷机构提起民事诉讼时，在无更好的可变现财产可供保全时，建议将抵押物查封，争取"首封"地位，确保执行处分权。

[①] 《最高人民法院关于规范和加强办理诉前保全案件工作的意见》（法〔2024〕42号）自2024年3月1日起施行，该意见明确规定执行网络查控申请不允许当事人在诉前提出申请。

第七讲 《民法典》时代抵押权附属权利登记的重要意义及操作实务

商业银行等金融机构办理抵押担保业务，都懂一个常识就是不动产抵押必须办理抵押登记，才能取得抵押权。但是，不少金融机构只晓得《民法典》延续《物权法》关于不动产必须办理抵押登记的规定，并不了解《民法典》还增加、修改了关于影响抵押权行使的一些规定。如未登记担保范围的，优先受偿权的范围应以登记为准，而非抵押合同的约定；又如未经抵押权人同意，抵押人可以擅自转让抵押物或设定居住权等。对于上述的变化，金融机构如何保障自身的抵押权不受影响，如何确保抵押物处置时不受干扰。本文重点就《民法典》关于抵押范围的登记、禁止或限制转让抵押物约定的登记以及禁止或限制设定居住权约定的登记如何实务操作展开探讨。

一、抵押担保范围的登记

（一）《民法典》实施前抵押范围登记情况

《民法典》第402条延续了《物权法》第187条的规定，不动产抵押必须办理抵押登记，抵押权自登记时依法设立。当债务人不履行债务，抵押权人有权对抵押物变价款优先受偿。人民法院对优先受偿的范围认定，应按照抵押登记的抵押范围来认定。抵押担保分为一般抵押和最高额抵押。图示7-1为一般抵押他项权证。通常抵押合同约定的抵押范围包括本金、利息、罚息及实现债权的费用等。

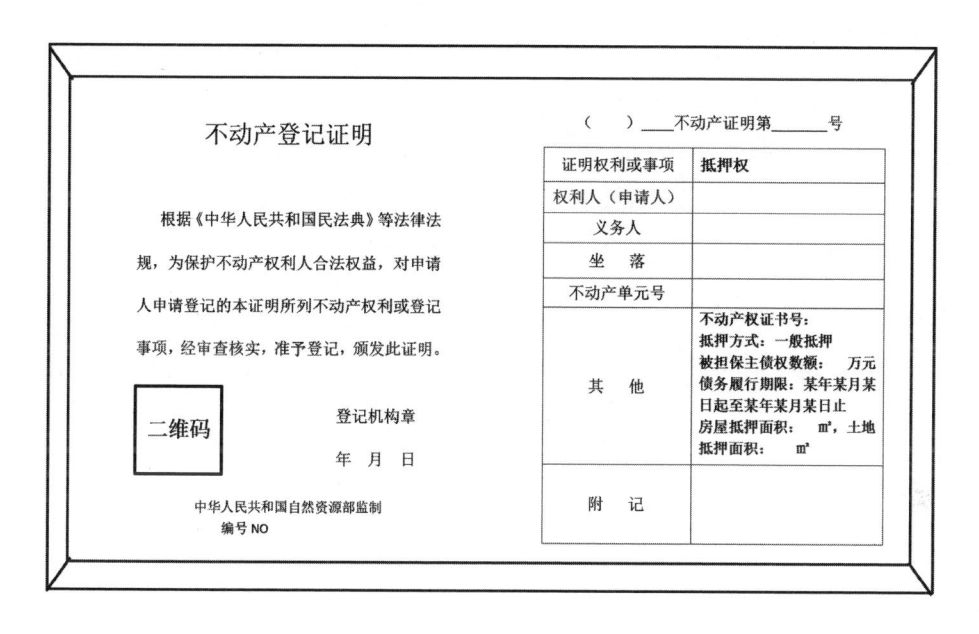

图示 7-1：一般抵押他项权证（空白样式）

（备注：本图由笔者为说明问题制作，仅为大致的样式，仅供参考。实际的他项权证格式和内容要求可能因地区、政策和登记机构的不同而有所不同。）

见图示 7-1，他项权证只显示被担保的主债权数额（即借款本金），在未登记担保范围的情况下，人民法院认定优先受偿的范围时除了本金外，是否还包括利息、罚息、实现债权的费用等附属债权？对此实践中存在争议。如果金融机构将抵押范围予以登记，就能解决这个风险问题。但是，在《民法典》实施（2021年1月1日）前，全国多数不动产登记机构，对于担保范围是不予登记的。即使金融机构提出申请，登记机构以"内部规定"等原因，仍不予登记。

当抵押登记信息与抵押合同约定的担保范围不一致时，如何认定优先受偿权的范围？最高人民法院于2019年11月8日发布的《全国法院民商事审判工作会议纪要》（法〔2019〕254号，以下简称《会议纪要》）第58条规定："以登记作为公示方式的不动产担保物权的担保范围，一般应当以登记的范围为准。但是，我国目前不动产担保物权登记，不同地区的系统设置及登记规则并不一致，人民法院在审理案件时应当充分注意制度设计上的差别，作出符合实际的判断：一是多数省区市的登记系统未设置'担保范围'栏目，仅有'被担保主债权数额（最高债权数额）'的表述，且只能填写固定数字。而当事人在合同中又往往约定担保物权的担保范围包括主债权及其利息、违约金等附属债权，致使合同约定的担保范围与登记不一致。显然，这种不一致是由于该地区登记系统设置及登记规则造成的该地区的普遍现象。人民法院以合同约定认定担保物权的担保范围，是符合实际的妥当选择。"故《民法典》实施前，人民法院审理上述争议时，按照金融机构与抵押人签订的《抵押合同》约定的担保范围认定优先受偿权的范围。在登记制度不规范情况下，最高人民法选择保护债权人的合法利益。

（二）《民法典》规定严格按照登记确定优先受偿范围

《民法典担保解释》第47条规定："不动产登记簿就抵押财产、被担保的债权范围等所作的记载与抵押合同约定不一致的，人民法院应当根据登记簿的记载确定抵押财产、被担保的债权范围等事项。"为防止地方登记机构不及时按照《民法典》的精神规范登记行为，《民法典担保解释》第48条规定："当事人申请办理抵押登记手续时，因登记机构的过错致使其不能办理抵押登记，当事人请求登记机构承担赔偿责任的，人民法院依法予以支持。"最高人民法院为了倒逼不动产登记行为的规范化，将登记行为不规范导致的损失确认由做出登记的机构承担，此举立竿见影。自然资源部于2021年4月6日下发了《关于做好不动产抵押权登记工作的通知》（自然资发〔2021〕54号，以下简称《通知》）。《通知》第二条规定：明确记载抵押担保范围。当事人对一般抵押或者最高额抵押的主债权及其利息、违约金、损害赔偿金和实现抵押权费用等抵押担保范围有明确约定的，不动产登记机构应当根据申请在不动产登记簿"担保范围"栏记载；没有提出申请的，填写"/"。

图示 7-2 为自然资源部下发《通知》时的附件。该登记簿修改页增设了"担保范围"一栏，如若金融机构提出登记担保，则登记机构会在登记簿中予以登记上担保范围的具体信息，通常表述为：本金、利息、罚息、实现债权的费用、违约金等。

不动产登记簿修改页[①]

第　本第　页

抵押权登记信息			
不动产单元号：抵押不动产类型：□土地□土地和房屋□土地和在建建筑 □林地和林木□海域□海域和构筑物□其他			
内容 　内容 　　业务号			
抵押权人			
证件种类			
证件号码			
抵押人			
抵押方式			
登记类型			
登记原因			
在建建筑物坐落			
在建建筑物抵押范围			
被担保主债权数额（万元）			
最高债权额（万元）			
担保范围			
债务履行期限 （债权确定期间）			
是否存在禁止或限制转让抵押不动产的约定			

[①] 参见中国政府网，https://www.gov.cn/zhengce/zhengceku/2021-04/07/content_5598162.htm，最后访问时间：2025年5月7日。

最高债权确定事实和数额				
不动产登记证明号				
登记时间				
登簿人				
注销抵押业务号				
注销抵押原因				
注销时间				
登簿人				
附记				

图示 7-2：不动产登记簿修改页

2024 年，笔者与全国 100 余家商业银行等金融机构进行交流，了解到全国大部分地区的不动产登记机构已在《通知》下发后不久，严格按照自然资源部的要求在不动产抵押申请表上增加了"担保范围"一栏。凡是金融机构在申请表上填写"担保范围"的，登记机构都将在电子登记簿上将担保范围予以登记，若未申请的则不予登记。

（三）关于抵押担保范围登记的风险提示

截至笔者编写本书时，《民法典》实施已四年。凡是《民法典》实施后发生的抵押担保业务，抵押权人未申请登记担保范围的，人民法院一定会严格按照《民法典》及《民法典担保解释》来认定优先受偿权的范围，即依照抵押登记的信息确定优先受偿权，不再按照抵押合同的约定来认定担保范围。笔者提醒金融机构，办理不动产抵押登记时，一定要将担保范围予以登记。

二、禁止或限制转让条款的登记

金融机构办理抵押担保业务时，在抵押合同中会约定"未经抵押权人同意禁止或限制转让抵押物"的条款，目的是控制抵押人和抵押物的现有状态，防止抵押物的变动阻碍抵押物的有效处置。

（一）《民法典》实施前未经抵押权人同意不得转让抵押物

《物权法》第191条第2款规定："抵押期间，抵押人未经抵押权人同意，不得转让抵押财产。"违反该规定，有的法官认为转让合同无效，登记机构亦不会为抵押人和第三人办理过户登记。也有的法学专家认为转让合同有效，但不发生物权的变动，即登记机构也不得办理过户手续。无论哪种观点，结果一样，登记机构不会为擅自转让抵押物的抵押人办理过户登记。

（二）《民法典》时代抵押人未经抵押权人同意可以转让抵押物

《民法典》第406条第1款规定："抵押期间，抵押人可以转让抵押财产。抵押财产转让的，抵押权不受影响。"该条颠覆性地修改了《物权法》第191条的规定。新法顾名思义，在抵押权人不同意转让抵押物时，法律也不再强制限制抵押人转让抵押物。如果抵押人转让了抵押物，抵押权人也不用担忧，其可以向受让人主张抵押权。就该变化，笔者询问过多家商业银行的态度，得到的反馈是：尽管可以继续向受让人主张抵押权，但是信贷监管制度要求商业银行在贷后实时监控抵押物的状态，抵押合同中约定抵押人擅自处分抵押物属于违约行为，故商业银行不愿意在不知情的情况下放任抵押人转让抵押物。为此，《民法典担保解释》对商业银行的顾虑给予了回应，该解释第43条规定："当事人约定禁止或者限制转让抵押财产但是未将约定登记，抵押人违反约定转让抵押财产，抵押权人请求确认转让合同无效的，人民法院不予支持；抵押财产已经交付或者登记，抵押权人请求确认转让不发生物权效力的，人民法院不予支持，但是抵押权人有证据证明受让人知道的除外；抵押权人请求抵押人承担违约责任的，人民法院依法予以支持。当事人约定禁止或者限制转让抵押财产且已经将约定登记，抵押人违反约定转让抵押财产，抵押权人请求确认转让合同无效的，人民法院不予支持；抵押财产已经交付或者登记，抵押权人主张转让不发生物权效力的，人民法院应予支持，但是因受让人代替债务人清偿债务导致抵押权消灭的除外。"

上述条文规定得比较复杂和抽象，笔者用信贷语言简单概括如下：抵押权人将抵押合同中有关"禁止或者限制转让抵押财产"的约定在办理抵押登记时一并申请登记，事后抵押人擅自转让抵押物的，登记机构不予办理过户登记。即使登记机构错误地办理了过户登记，也不发生物权变动，抵押物所有权还是抵押人的，其仍应当承担抵押责任。

（三）禁止或限制转让抵押物的约定登记操作实务与风险提示

自然资源部为了配合《民法典》及《民法典担保解释》关于抵押物转让的规定，《通知》第3条规定：保障抵押不动产依法转让。当事人申请办理不动产抵押权首次登记或抵押预告登记的，不动产登记机构应当根据申请在不动产登记簿"是否存在禁止或限制转让抵押不动产的约定"栏记载转让抵押不动产的约定情况。有约定的填写"是"，抵押期间依法转让的，应当由受让人、抵押人（转让人）和抵押权人共同申请转移登记；没有约定的填写"否"，抵押期间依法转让的，应当由受让人、抵押人（转让人）共同申请转移登记。图示7-3是某登记中心的抵押登记申请登记表，抵押权人在填写抵押登记申请时只要在申请表"是否存在禁止或限制转让抵押不动产的约定"一栏后面的"□"内打"√"。登记机构便会在不动产抵押登记簿修改页（见图示7-2）中"是否存在禁止或限制转让抵押不动产的约定"栏登记上"是"。需要说明的是，《民法典》施行前已经办理抵押登记的不动产，应当适用《物权法》的规定，抵押期间转让的，未经抵押权人同意，不予办理转移登记。

不动产抵押权登记主债权合同及抵押合同表

单位：万元

主债权合同编号			抵押合同编号		
合同当事人	抵押权人（贷款人）				
	证件种类		证件号码		
	借款人				
	证件种类		证件号码		
	抵押人				
	证件种类		证件号码		
债权情况	担保类型	□一般抵押		□最高额抵押	
	被担保债权数额		最高债权额		
	债务履行期限	____年__月__日起 ____年__月__日止	债权确定期间	____年__月__日起 ____年__月__日止	
	担保范围				
	是否存在禁止或限制转让抵押不动产的约定	□是　□否			
	其他约定事项				
抵押物情况	序号	不动产权属证号	不动产坐落	抵押顺位	被担保债权数额（最高债权额）
	1				

　　本表仅用作向不动产登记机构申请抵押权登记、抵押权预告登记首次设立使用，与上述编号的主债权合同及抵押合同具有同等法律效力，无需提交上述编号的主债权合同及抵押合同。合同当事人依法确认上述内容与主债权合同及抵押合同内容一致，并对其真实性负责。如有不实，合同当事人愿承担一切法律责任。

　　抵押权人（贷款人）签章：　　借款人签章：　　抵押人签章：

年　月　日

图示 7-3：抵押登记申请表（空白样式）

（备注：本图由笔者为说明问题制作，仅为大致的样式，仅供参考。实际的抵押申请表的格式和内容要求可能因地区、政策和登记机构的不同而有所不同。）

三、禁止或限制设定居住权条款的登记

居住权是指权利人为了满足生活居住的需要，按照合同约定在他人享有所有权的住宅之上设立的占有、使用该住宅的权利。《民法典》第366条至第370条，共计五条，创设了居住权制度。截至目前，未有国家层面出台关于居住权制度的法律、法规或司法解释。只有部分地区下发了有关居住权登记的地方政策，如石家庄市自然资源和规划局于2022年4月29日发布了《不动产居住权登记办法（试行）》（石资源和规划发〔2022〕6号）。

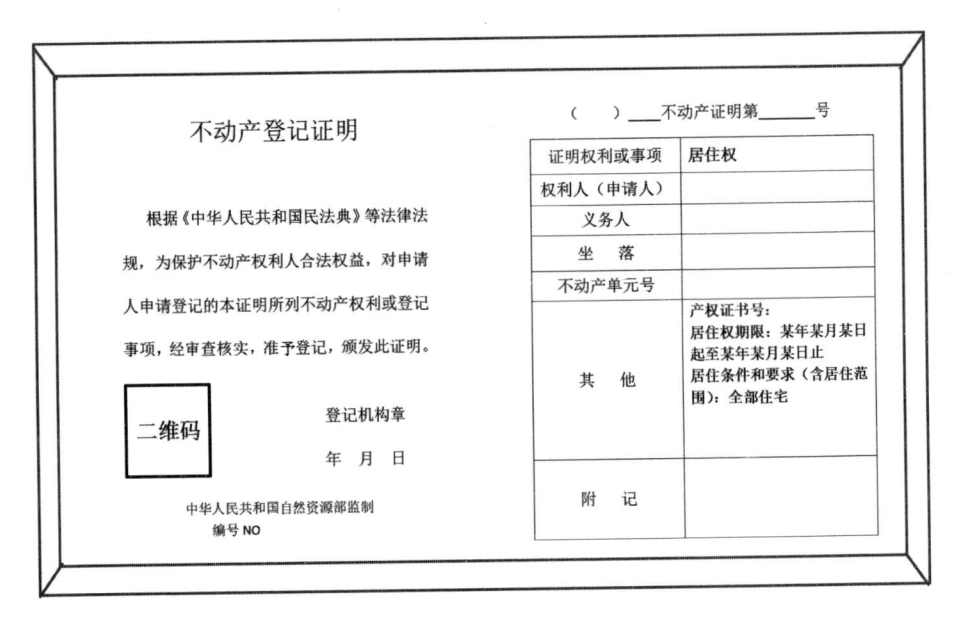

图示7-4：居住权证书（空白样式）

（备注：本图由笔者为说明问题制作，仅为大致的样式，仅供参考。实际的居住权证书格式和内容要求可能因地区、政策和登记机构的不同而有所不同。）

（一）居住权制度的特征及登记条件

从《民法典》仅有的五条规定来看，居住权具有以下特征：1. 对他

人的住宅享有占有、使用的用益物权；2. 用途只能限于满足生活需要，且无偿使用；3. 居住权设立必须办理登记；4. 居住权人不得转让、继承、出租（另有约定的可以出租）住房；5. 居住权消灭的两个事由：期限届满或居住权人死亡，应注销登记。

何种条件才可以办理居住权登记，目前缺少统一的要求，亟须自然资源部出台有关居住权登记的实施细则。笔者从某市不动产登记中心了解到当地办理居住权的政策：房主与居住权人之间的身份关系必须是直系血亲或者婚姻关系；居住权期限上不封顶，但必须登记上起止时间，不能表述诸如"住到死为止""住到百年之后"的表述。笔者于2023年10月31日带领当事人亲自到某市不动产登记中心办理过一起居住权登记。居住权人与房主系母子关系，符合办理条件。双方协商的意思是让老人住到"百年之后"，但登记人员表示必须明确起止时间，考虑到老太太当时已70岁，故双方协商登记30年的居住权，最终将居住权期限登记为2023年10月31日起至2053年10月31日止。

（二）居住权对抵押权的不利影响及风险提示

1. 先设定居住权后办理抵押登记的风险。若抵押人先设定了居住权，而后又与金融机构办理了抵押登记，从法律常识判断，先登记的居住权优先于后登记的抵押权。将来金融机构申请强制执行抵押的住房时，执行法院在发布拍卖公告时必须载明"带居住权拍卖"。如果上面有一个30年的居住权，竞买人购买或债权人接受以物抵债的话，虽然抵押物的所有权可以办理过户登记，但使用权仍然由居住权人享有，直到居住权期限届满。所以，其拍卖结果一般都是流拍。这里，提醒金融机构的信贷人员，在贷前调查阶段，务必查询拟抵押的住房上是否设定了居住权。如果发现设定居住权的，要么要求居住权出具放弃对抵押权的抗辩权的书面声明，要么更换抵押物。

2. 先办理抵押登记后设定居住权的救济措施。若抵押登记前未设定居住权，办理抵押登记后，抵押人私自设定居住权，将来处置抵押物有无影响？这是金融机构比较担心的问题。笔者认为，抵押权设定在先，自然优先于后设定的居住权。执行法院在发布拍卖公告时不应当"带居住权拍卖"。第三人竞买成功或申请执行人接受以物抵债的，执行法院在办理强制过户手续时，应当强制剔除掉后设定的居住权，而后办理过户登记手续。这是最快，也是最符合法理的处置措施。虽然笔者认为上述措施符合情理和法理，但多数金融机构的人还是觉得心里不踏实，他们担心执行困难。于是，金融机构设想，如果登记机构不要为抵押人设定在后的居住权办理登记，这个问题不就迎刃而解了吗。为此，笔者专门请教了某地区不动产登记机构的工作人员。他们回复：抵押人未经抵押权人同意，擅自设定居住权，原则上予以办理。依照《民法典》第406条"未经抵押权人允许抵押人可以转让抵押物"的规定，既然可以不经过抵押权人同意为抵押人办理过户登记，难道还不能办理居住权登记吗？参考自然资源部《通知》第3条的规定，如果抵押权人在申请抵押登记时，将合同中"禁止或限制抵押人办理居住权登记"的约定进行登记，登记机构对于抵押人在抵押登记后居住权登记的申请，将不予登记。笔者认为，根据法律上"举重以明轻"的原则，这个法律逻辑是正确的。在缺乏登记细则的情况下，某登记机构的上述做法符合《民法典》的精神。

3. 关于居住权登记的风险提示。笔者建议金融机构在办理住房抵押担保业务时，首先完善抵押合同，增加关于"禁止或限制抵押人办理居住权登记"的约定。其次，在填写申请抵押登记申请表时，在"其他约定事项"中，明确填写"禁止或限制抵押人办理居住权登记"。

综上，金融机构在办理不动产抵押登记时，应根据《民法典》及相关司法解释的新规定，有必要将"担保范围""禁止或限制抵押物转让"的约定以及"禁止或限制居住权登记"的约定等附属权利一并申请登记。如此，才能最大限度地保障抵押权人的合法权益。

第八讲　最高额抵押担保在操作中的
　　　　误区与核心风险控制

抵押担保分为一般抵押和最高额抵押两种方式，不同的抵押方式各有优缺点。笔者在调研中发现商业银行等信贷机构在选择抵押方式时十之八九会选择最高额抵押担保。问其原因，多数信贷人回答"感觉最高额抵押比一般抵押好"。好在哪里，却说不清楚。笔者在进一步的调研中发现，许多商业银行将最高额抵押担保当作一般抵押担保来操作，如此必然导致严重的法律风险。本文根据最高额抵押担保业务的特征，仅针对商业银行在业务操作中出现的认知错误和风险问题予以分析，并提出防范风险的建议。

一、最高额抵押担保的概念与特征

根据《民法典》第 420 条的规定，最高额抵押担保是指为担保债务的履行，债务人或者第三人对一定期间内将要连续发生的债权提供担保财产的，债务人不履行到期债务或者发生当事人约定的实现抵押权的情形，抵押权人有权在最高债权额限度内就该担保财产优先受偿。

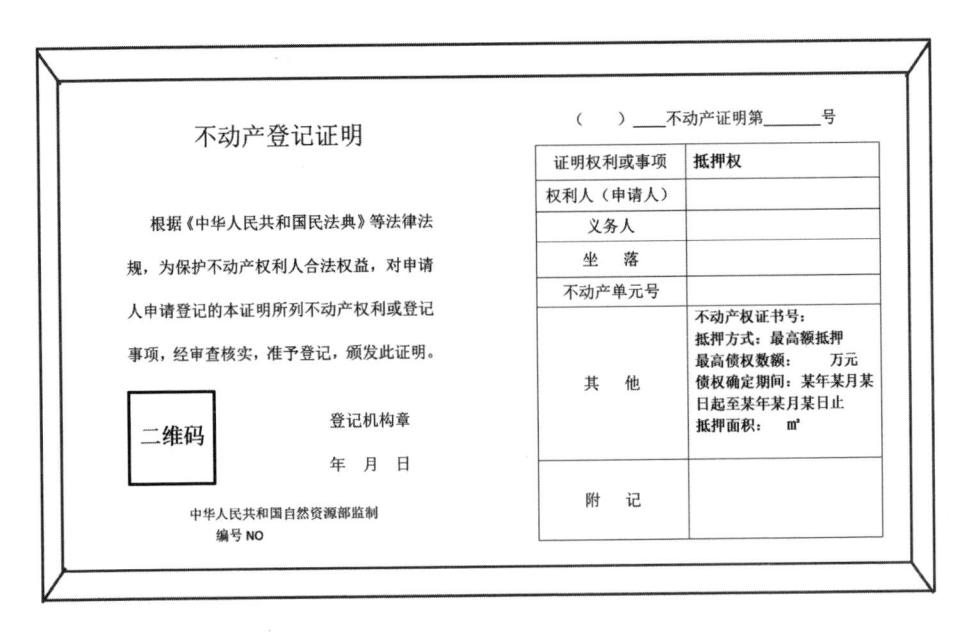

图示 8-1：最高额抵押他项权证（空白样式）

（备注：本图由笔者为说明问题制作，仅为大致的样式，仅供参考。实际的他项权证格式和内容要求可能因地区、政策和登记机构的不同而有所不同。）

（一）最高额抵押担保的特征

1. 最高额抵押所担保的债权额是确定的，但实际发生的债权额是不确定的。设定最高额抵押时，债权尚未发生，为保证将来债权的实现，抵押权人与抵押人协议商定担保的最高债权额度，抵押人以其抵押财产在此额度内对债权作担保。表现为两种情形：（1）实际发生的债权≥最高债权额，以最高债权额为限优先受偿。(2) 实际发生的债权<最高债权额，以实际发生的债权额为限优先受偿。

2. 最高额抵押是对一定期间内连续发生的债权作担保。所谓一定期间，是指债权确定期间。

3. 最高额抵押所担保的债务无需重复登记。债权确定期间内发生的债务无需重复登记且均以首次登记的时间为准。这是最高额抵押担保最明显的特征和优势。

4. 债权确定前主合同债权不得部分转让。最高额抵押所担保的债权在债权确定期间内经常发生变更，如持续放贷或有借有还，总放贷余额始终处于不稳定状态。如果允许部分债权转让，必然会发生最高额抵押权是否随之转让的问题，以及对以后再发生的债权如何担保等问题。所以建议最高额抵押贷款转让的需等到债权确定之后。

为了更好地显示上述特征，特举例说明：小黑以一处房产作为抵押物，与 A 银行签订了一份最高额抵押合同，约定最高债权额为 100 万元，债权确定期间自 2022 年 1 月 1 日至 2024 年 12 月 31 日。A 银行于 2022 年 1 月 1 日向小黑放款 70 万元，约定借款期限一年。小黑于 2022 年 12 月 31 日偿还 70 万元及利息；A 银行又于 2023 年 1 月 1 日向小黑放款 70 万元，小黑于 2023 年 12 月 31 日偿还 70 万元及利息；A 银行又于 2024 年 1 月 1 日向小黑放款 70 万元，2024 年 12 月 31 日贷款到期后，小黑未能偿还贷款本息。A 银行在债权确定期间"2022 年 1 月 1 日至 2024 年 12 月 31 日"发放的总放贷余额为 70 万元（70+70+70－70－70＝70）。故 A 银行对 70 万元及其约定的附属债权在 100 万元内对抵押物的变价款享有优先受偿权。

（二）最高额抵押担保中易混淆的核心概念

1. 最高债权额与借款本金的区别

最高债权额是一个综合性的概念，涵盖了借款本金以及因借款产生的一系列附属债权，如利息、违约金、损害赔偿金、实现债权的费用等。在最高额担保设定时，虽然确定了一个最高限度，但在债权确定期间内，实际发生的债权总额是不确定的，可能会随着借款的使用、利息的计算、违约情况的发生等因素而变化。最高债权额主要用于限定担保人承担担保责任的最高范围，在最高额担保中，担保人仅在最高债权额限度内承担担保责任，超出部分担保人一般不承担责任。

借款本金仅指借贷双方最初约定的借款金额，是借款合同的核心金额，不包括后续可能产生的利息、费用等其他款项。在借款合同签订时通常是明确确定的具体金额，除非双方协商变更借款合同，否则一般不会发生变化。

2. 债权确定期间与借款期限的区别

债权确定期间是指确定最高额抵押权所担保的债权实际数额的时间，主要用于确定在一定期间内最高额抵押所担保的债权数额。该期间届满后，最高额抵押权所担保的债权数额得以确定，担保人将在确定的债权范围内承担担保责任。借款期限是指借款人向贷款人借款的时间期限，目的是规定借款人履行还款义务的具体时间段。借款期间届满时，借款人应当按照合同约定偿还借款本金和利息。如果借款人未按时还款，则构成违约，需承担违约责任。

3. 综合授信合同与借款合同的区分

综合授信合同，又叫最高额借款合同，是银行与客户之间就未来一定期限内为客户特定业务开展的融资事宜达成的协议。根据协议，客户在额度使用期限内可要求银行出借一定限额资金，客户则需承担获取用信额度的还款责任。综合授信合同与普通借款合同的内容、用途均不一样。综合授信合同一般会与最高额担保业务配套使用，主要体现以下几点内容：(1) 合同主体为贷款人和借款人；(2) 一定期间连续发生借款的意思表示；(3) 明确约定最高债权额；(4) 债权确定期间；(5) 担保范围。普通借款合同内容主要约定具体某一笔贷款的金额、借款期限、利息、罚息及违约责任等，用途仅是针对某一笔贷款的发放。

因综合授信合同与普通借款合同不同，在向不动产登记机构提供综合授信合同时，不能为了图省事，将普通借款合同当作综合授信合同使用，比如将借款合同的"借款金额"一栏当作"最高债权额"填写；将"借款期限"一栏当作"债权确定期间"填写。综合授信合同中，贷款人在"授信额度"（最高债权额）内放款，是否用尽额度是贷款人的权利。而在借款合同中，贷款人未按照约定的借款金额发放贷款，贷款人可能承担违约责任。

二、最高债权额的正确理解

（一）实践中存在两种不同的理解

最高债权额是最高额抵押担保业务中核心要素之一，是最高额抵押合同必须明确约定、他项权证上也必须明确登记的金额，是抵押人承担抵押担保责任的上限。如何理解最高债权额的上限关系到优先受偿权的范围大小。实践中对于"最高债权额"上限的理解，主要存在两种观点：一是"本金最高额"，是指只要累计发生的本金之和不超过最高债权额，即便本金和附属债权之和超过了最高债权额，抵押权人就两者之和都有权优先受偿。二是"债权最高额"，是指本金及附属债权之和不得超过最高债权额，超过部分抵押权人不享有优先受偿权。根据两种观点的描述，笔者认为两种观点的核心区别在于与最高债权额比较时的标准不一样："本金最高额"是累计本金之和不超过最高债权额；"债权最高额"是本金与附属债权之和不超过最高债权额。显然"本金最高额"对债权人来说更为有利，所以多数商业银行仍约定的是"本金最高额"。

（二）司法解释对"最高债权额"的规定

依照《民法典担保解释》第15条第1款的规定，最高额担保中的最高债权额，是指包括主债权及其利息、违约金、损害赔偿金、保管担保财产和实现担保物权的费用等在内的全部债权，但是当事人另有约定的除外。根据该解释的规定，可以得出结论：今后应按"债权最高额"理解最高债权额，尽管但书部分允许当事人另有约定，但是根据《民法典担保解释》第15条第2款的规定，抵押权人与抵押人另行约定的内容不得对抗第三人提出的异议。这里的"第三人"主要为顺位抵押权人和首先查封的债权人。一旦第三人对此提出异议的，人民法院应按照"债权最高额"确定优先受偿范围。

（三）入库案例对"最高债权额"的解读

案例检索：某合伙企业与某甲公司等执行实施案[①]

裁判要旨：对"最高债权额"的正确认定，决定着抵押权人基于该权利所能获得的优先受偿权的最高限度，以及担保人承担担保责任的最高限度。如将"最高债权额"仅理解为债权本金，那么当债务人逾期时，合同实际产生的利息、违约金、实现债权费用等总额处于不确定状态，使得债权总额冲破最高限额的限制，实际上变成一种无额度担保，不利于保护合同当事人的预期利益，亦与最高额担保制度设立的本意相悖。故当事人无明确约定时，则"最高债权额"即为包括债权本金、利息、实现债权费用等全部债权。

案例评析：入库案例是最高人民法院公布的具有权威性的一种判例形式，各级人民法院审理的基本事实与争议焦点与入库案例一致的，应当参考。最高人民法院在案例中对"最高债权额"的解读非常明确，当事人无明确约定时，则"最高债权额"包括债权本金、利息、实现债权费用等全部债权。

三、最高额抵押登记的申请

依照《不动产登记暂行条例实施细则》第71条第1款的规定，申请最高额抵押权首次登记需满足以下条件：（1）不动产权属证书；（2）最高额抵押合同；（3）一定期间内将要连续发生的债权的合同或者其他登记原因材料等必要材料。关于第三项材料，实践中有的商业银行称之为

[①] 《某合伙企业与某甲公司等执行实施案》，入库编号2024-17-5-102-001，载人民法院案例库网站，https：//rmfyalk.court.gov.cn/view/list.html? key = qw&keyName = %25E5%2585%25A8%25E6%2596%2587&value = 2024-17-5-102-001&isAdvSearch = 0&searchType = 1&lib = cpwsAl_ qb，最后访问时间：2025年3月21日。

综合授信合同或最高额借款合同。有些地方的不动产登记机构办理抵押登记时不要求提供综合授信合同或最高额借款合同，如北京、河北、天津、上海、广东等地。这些地区的登记机构在办理最高额抵押登记时，仅要求提供产权证书、当事人身份证明，并填写登记机构出具的制式简版最高额抵押合同。笔者认为，不动产登记机构进行最高额抵押登记时，重点登记的因素有当事人信息、最高债权额、债权确定期间以及抵押物信息。这些信息通过简版最高额抵押合同可以获取，无需另外提供综合授信合同（最高额借款合同）和最高额抵押额合同。不动产登记部门的职责就是在不违反法律强制性规定的情况下，根据抵押权人与抵押人的真实意思表示，办理抵押登记。简版最高额抵押合同会注明"仅作抵押登记使用"，其内容能够清楚显示他项权证需要登记的主要事项即可。

四、最高额抵押担保的债权确定

最高额抵押担保的特点是债权人与债务人在一段期间可以多次发生借贷，仅需最初放贷前的首次抵押登记就可以担保该期间发生的所有债务，而无需重复抵押登记。办理最高额抵押担保业务最关键的节点是什么时候"算账"，通过"算账"来确定抵押人最终应当承担多大的抵押责任。这个节点就叫作抵押权人的债权确定。最高额抵押是对一定期限内、连续发生的债权提供担保，债权具有不确定性，债权人无论向债务人主张还款，还是向抵押人主张优先受偿权，均需确定实际发生的债权余额。债权确定后会产生如下效力：一是最高额抵押权转变为普通抵押权；二是确定被担保债权的范围和金额。待约定的实现担保物权条件成就时，抵押权人便可以向最高额抵押人主张抵押担保责任。最高额抵押所担保债权的确定，是指最高额抵押权所担保的债权因一定事由而归于固定。《民法典》第423条规定了债权确定的几种法定情形：

1. 约定的债权确定期间届满。债权确定的期间是指最高额抵押担保的连续多笔债权发生的期间，需要抵押合同明确约定，并进行抵押登记。该法定事由是最高额抵押担保债权确定的最常见事由。

2. 没有约定债权确定期间或者约定不明确，抵押权人或者抵押人自最高额抵押权设立之日起满二年后请求确定债权。本规定中的"二年"是一个固定期间，不存在中止、中断的问题。当债权确定期间没有约定或约定不明确时，无论对于抵押权人还是抵押人都希望尽快确定该期间，前者希望及时对担保的债务进行决算，后者希望明确自己担保责任的大小，所以法律规定了合理的期限"二年"。实践中，商业银行一般不存在债权确定期间未约定或约定不明的情形。

3. 新的债权不可能发生。当债权确定期间未届满时，债权人与债务人约定解除合同或双方的合同目的提前完成，新的债权不会再发生，此时抵押权人或抵押人都可以提出决算担保的债务。实践中，抵押权人发放第一笔借款到期后债务人未偿还，虽债权确定期间还未到期，但抵押权人有权告知债务人不再发放贷款并要求偿还拖欠的贷款。此种债权确定的情形也普遍存在。

4. 抵押权人知道或者应当知道抵押财产被查封、扣押。《民法典》关于最高额抵押担保的债权确定事由与《物权法》相比，第4项发生了变化，由原来的"抵押财产被查封、扣押"修改为"抵押权人知道或者应当知道抵押财产被查封、扣押"。《最高人民法院关于人民法院民事执行中查封、扣押、冻结财产的规定》第25条规定："人民法院查封、扣押被执行人设定最高额抵押权的抵押物的，应当通知抵押权人。抵押权人受抵押担保的债权数额自收到人民法院通知时起不再增加。人民法院虽然没有通知抵押权人，但有证据证明抵押权人知道或者应当知道查封、扣押事实的，受抵押担保的债权数额从其知道或者应当知道该事实时起不再增加。"债权确定意味着抵押权人不得再发生债权债务，新增债务不得放入最高额抵押担保范围。抵押权人在善意不知情抵押物查封的，仍可能继续发生债务。此次《民法典》采纳了《最高人民法院关于人民法院民事执行中查封、扣押、冻结财产的规定》第 25 条规定的精神，即抵押权人知道或者应当知道查封、扣押事实的，受抵押担保的债权数额不再增加。

5. 债务人、抵押人被宣告破产或者被撤销。债务人或抵押人（均指法人）经营状况已恶化，已资不抵债，抵押权人从防控风险的角度也要停止向债务人继续放款，对已发放的贷款进行决算，确定担保的债务余额。

6. 法律规定债权确定的其他情形。该条系兜底条款。

五、实务操作中普遍存在的困惑

（一）借款到期日可以超出债权确定期间的届满日吗

部分商业银行关于最高额抵押担保业务的贷款期限管理存在很大的误区。这些商业银行审批系统要求最后一笔贷款的贷款到期日不得超过债权确定期间的届满日。信贷管理部门担心若贷款到期日超过了债权确定期间届满日，该贷款不能纳入最高额抵押担保债权范围。这种担心暴露了部分商业银行未能搞懂最高额担保的特征。信贷管理部门若没能搞清楚业务特征，基层客户经理与审查人员对此就难正确操作了。《民法典》第 423 条第 1 项规定"约定的债权确定期间届满"是确定最高额抵押担保债权的法定事由之一，也是最为常见的事由。债权确定意味着最高额抵押担保的债权金额得以固定，不允许再发生变动。若债权人继续发生贷款，不计入最高额抵押担保范围。主合同约定的借款期限是债务人履行债务的期限，逾期未履行的，债权人可以向债务人主张还款责任。两个概念相互独立并不冲突。只要在债权确定期间发生的债务，总贷款余额及其附属债权不超过最高债权额的，都应纳入最高额抵押担保范围。在约定的履行期间届满后，债务人不履行债务的，债权人这时可以就已纳入最高额担保范围的债权主张优先受偿权。举例：最高债权额500万元，债权确定期间自2022年10月20日至2025年10月19日。合同签订当日发放贷款200万元。在2025年10月19日23时发放贷款100万元，借款期限是一年。该100万元当然属于最高额抵押担保范围，因为截至最后一天2023年10月19日24时前，发生的贷款都在债权确定期间。判断一笔贷款是否属于最高额抵押担保范围，关键看债务发生时是否在债权确定期间内，而非债务到期之时。债权确定期间届满时借款期限未到，不影响该笔借款计算在最高额抵押担保的债权范围内。

（二）顺位抵押后所放贷款与顺位抵押孰优孰劣

债权确定期间抵押人与其他债权人就最高额担保的抵押物办理了顺位抵押登记，若此时最高额抵押担保的抵押权人再放款，其清偿顺位是否排在了顺位抵押权人之后？依照《民法典》第414条的规定，同一财产设定有两个以上抵押权的，按照登记的时间先后确定清偿顺序。最高额抵押担保的魅力在于判断最高额抵押权与其他抵押权清偿顺序的优劣，关键看最高额抵押权首次登记时间与顺位抵押登记时间的比较。如果两个抵押权均是最高额抵押担保，看两个抵押担保的首次登记时间先后；如果一个是最高额抵押，另一个是一般抵押，以最高额抵押担保的首次登记时间与一般抵押登记的时间相比，登记在先的清偿顺序在先。最高额抵押首次登记在先的，债权确定期间发生的债权均属于最高额抵押担保的范围内，即便部分债权发生在顺位抵押之后，优先受偿的顺序也排在顺位抵押之前。这个问题在实践中常有发生，但很多最高额抵押的抵押权人还是心存疑虑，在抵押人办理顺位抵押后，不敢继续放款。如此，便失去了最高额抵押的优势和意义。

（三）下级行代替上级行发放的贷款能纳入最高额担保范围吗

上级行与抵押人签订了最高额抵押担保合同，债权确定期间内，下级行向该债务人发放的贷款能否纳入最高额抵押担保范围内？商业银行的组织架构从上往下依次为：总行、分行、支行。分行和支行均是总行的分支机构，他们对外能不能单独实施民事行为，能否单独以自己财产承担民事责任？依照《最高人民法院关于适用〈中华人民共和国民事诉讼法〉的解释》第52条第6项的规定，依法设立并领取营业执照的商业银行、政策性银行和非银行金融机构的分支机构属于"其他组织"，具有诉讼主体资格，可以作为民事诉讼的当事人。分支机构需以自己经营管理的财产对自身的民事行为承担民事责任，其财产不足以承担民事责任，超过部分的民事责任才能由其上级行直至总行承担。依照《民法典》第465条的规定，依法成立的合同，仅对当事人具有法律约束力。合同具有相对性原则，合同义务只能约束相对方，不能强加第三人。商业银行的各分支机构属于《民事诉讼法》规定的"其他组织"，具有诉讼主体资格，能够以自己经营管理的财产对外承担民事责任。故上级行与抵押人签订的最高额抵押合同约定的权利义务仅能约束双方，不能扩大到商业银行的其他分支机构。笔者认为，可以通过约定的方式作为上述规定的例外。如最高额抵押合同约定"本行及本行的任一下级行在债权确定期间对债务人履行了放款义务，均视为本行履行了放款义务，债权确定时所放贷款均应纳入本合同担保范围内"等类似约定，抵押人将无权抗辩下级行发放的贷款不在最高额抵押担保范围。

（四）不动产登记机构强制干预登记有法律依据吗

如果不动产登记机构在办理最高额抵押登记时强制要求按照抵押物价值×抵押率（50%～70%）登记最高债权额。这种强制干预抵押登记的做法有依据吗？笔者认为，登记机构的干预行为没有法律依据，超出了登记职责的范围。首先，《民法典》第213条规定："登记机构不得有下列行为：（一）要求对不动产进行评估；（二）以年检等名义进行重复登记；（三）超出登记职责范围的其他行为。"登记机构不得要求抵押权人对抵押物进行评估，这意味着登记机构不得根据抵押物评估价值限制抵押权人登记最高债权额。其次，登记的最高债权额即使超过了抵押物价值不一定存在风险，最高额抵押担保的核心风险是控制总放贷余额。牢牢控制总放贷余额不超过抵押物价值和最高债权额，最高额抵押担保的风险就能有效控制住。最后，登记机构的登记理念应是依法登记，不负责评估抵押行为的风险，抵押权人与抵押人应风险自担。综上，部分地区的登记机构强制干预登记的行为反映出登记人员对最高额抵押担保的特征不甚了解，混淆了最高额抵押与一般抵押的概念。

（五）借款合同中未明确列明最高额抵押信息的债务能否纳入担保范围

实践中，部分商业银行未在借款合同中明确列明最高额抵押担保信息的，在最高额抵押债权确定期间内针对与借款合同同一债务人所发放的贷款能否纳入最高额抵押担保范围？根据最高人民法院指导案例57号[①]的裁判观点"在有数份最高额担保合同情形下，具体贷款合同中选择性列明部分最高额担保合同，如债务发生在最高额担保合同约定的决算期内，且债权人未明示放弃担保权利，未列明的最高额担保合同的担保人也应当在最高债权限额内承担担保责任"，根据上述指导案例的观点，未在借款合同列明有最高额抵押担保的，最高额抵押担保的抵押人也应当在最高债权限额内承担担保责任。

六、最高额抵押担保业务核心风险控制

最高额抵押担保业务最为复杂的环节是如何把握三个关键因素的关

---

① 《温州银行股份有限公司宁波分行诉浙江创菱电器有限公司等金融借款合同纠纷案》，入库编号2016-18-2-103-001，载人民法院案例库网站，https：//rmfyalk. court. gov. cn/view/list. html？key＝qw&keyName＝%25E5%2585%25A8%25E6%2596%2587&value＝2024-17-5-102-001&isAdvSearch＝0&searchType＝1&lib＝cpwsAl_ qb，最后访问时间：2025年3月21日。

系：抵押物的价值、最高债权额、总放贷余额。三者的价值或数额的大小由高到低如何排序？错误的搭配，将会导致部分债权无法实现担保物权。把握好三者之间的关系，有利于控制金融风险。关于总放贷余额，是指债权确定后扣除已偿还的贷款后剩余贷款本金。关于抵押物价值，一看抵押登记前的评估价值，二看后续放款时的交易价值，应将抵押物价值看作动态变化的状态。关于三个关键因素大小排序分析如下：

1. "抵押物价值＞总放贷余额"。银行在办理抵押担保时往往根据债务人偿还能力、抵押物变现率及有无其他担保等情形，在抵押物的50%～70%范围内确定贷款金额。因为必须确保抵押物价值足以覆盖所有债务，才能控制风险。所以，抵押物价值要大于总放贷余额。

2. "最高债权额＞总放贷余额"。根据前文分析，"债权最高额"是判断优先受偿权范围的核心依据。最高额抵押担保业务若想控制风险，放贷时需将本金和利息、罚息、违约金等附属债权之和控制在最高债权额以内，才能确保享有优先受偿权。所以不应将约定的最高债权额全部用作发放本金，应对利息、罚息等附属债权留有余地，以保障借款本息等全部债权全面优先受偿。因此，最高债权额应大于总放贷余额。

3. "最高债权额＞抵押物价值"。关于最高债权额与抵押物价值之间的高低排序问题，实践中争议很大。首先，控制最高额抵押担保的核心风险不在于控制最高债权额，而在于控制总放贷余额。多数商业银行担心最高债权额约定高于抵押物价值，将来抵押物变现时无法覆盖最高债权额。他们认为最稳妥的做法为：最高债权额≤抵押物价值。笔者认为，这种担心是多余的。这里需要重点解释一下，最高债权额≠总放贷余额，最终抵押物变现后能否全面实现债权关键看变价款能否覆盖总放贷余额及其附属债权。控制最高额抵押担保的核心风险不在于控制最高债权额，而在于控制总放贷余额不要超过最高债权额。其次，若放贷余额高了些，不良贷款清收时间长了些，最高债权额很有可能覆盖不住全部债权，对于超出部分的债权将不享有优先受偿权。最后，最高债权额的登记是依据最高额抵押合同的约定，债权人可与抵押人自由协商，将最高债权额约定的高于抵押物的价值很容易操作。所以，笔者认为将最高债权额大于抵押物价值更为合理。

综上，只要牢牢地控制住总放贷余额低于抵押物的价值，放款时重点关注抵押物的可变现能力，并将附属债权也考虑在最高债权额内，就能控制住核心风险。最高债权额可适当高于抵押物价值对于抵押权人来讲利大于弊。所以抵押物价值、最高债权额、总放贷余额三者之间的关系如下：最高债权额>抵押物价值>总放贷余额。详见图示 8-2。

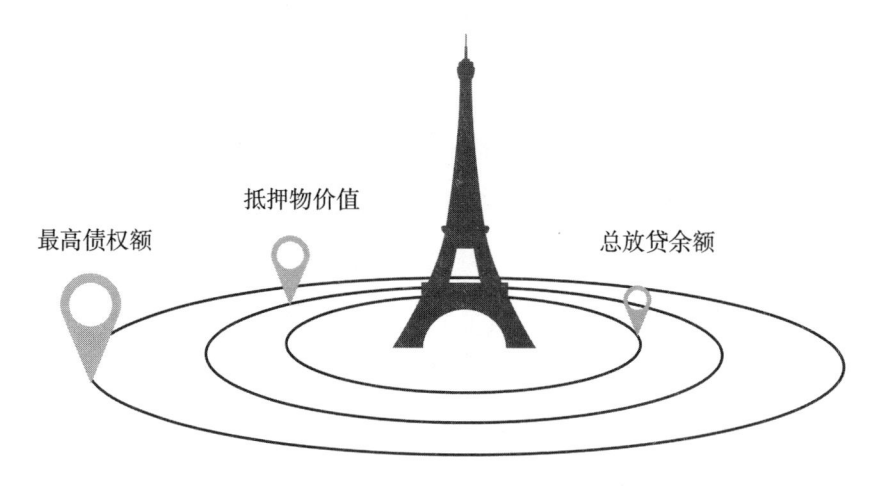

图示 8-2：抵押物价值、最高债权额与总放贷余额关系

七、风险提示与操作指引

提示一：最高额抵押担保的债权确定是保障抵押权人实现抵押权的前提条件。抵押权人和抵押人应积极决算自债权确定期间开始日至发生债权确定的法定事由之日期间内所发生的所有贷款余额。

提示二：建议债权确定期间内抵押权人每次向债务人发放贷款前要主动查询抵押物状态，看看是否有法院查封，不要被动等待法院的查封通知。虽然《民法典》规定了救济权利，但是金融机构处理争议本身也是利益的损耗。

提示三：关于最高债权额的约定和操作，商业银行可以将"本金最高额"继续约定在最高额抵押担保合同中，但必须要求信贷人员按照"债权最高额"控制放款余额。防止总贷款余额及附属债权之和超过最高债权额后，一旦第三人提出异议，超过的部分不享有优先受偿权。

提示四：把控抵押物价值、最高债权额、总放贷余额三者之间的关系。核心要素是控制住总放贷余额；参照物是准确分析抵押物价值的变动；不要以最高债权额作为控制总放贷余额的参考，而是要根据抵押物的变现能力来控制总放贷余额。

提示五：贷款人不要盲目相信最高额抵押一定比一般抵押具有优势。要根据自身贷款业务的特点和两种抵押担保的特征，理性选择抵押担保方式，降低信贷风险。

提示六：商业银行债权确定期间基于内部原因可能需要委托上下级或同级其他内部机构发放贷款，一定要在最高额抵押合同中事先约定或书面征得债务人和抵押人的同意。建议在《最高额抵押合同》中做如下约定：债权确定期间，贷款人及贷款人授权的其他关联机构向债务人所发放贷款，均应纳入本合同担保的债权范围。

第九讲　不同担保方式的担保期间及超期的不利后果

担保期间是指担保人承担担保责任的有效期间，超过担保期间，担保人不再承担担保责任。银行信贷业务中常见的担保方式有保证担保、抵押担保与质押担保。不同担保方式的担保期间亦不相同。如银行未在担保期间内主张担保责任，将面临担保人免责的风险。

一、保证担保适用保证期间制度

（一）关于保证期间的正确适用

1. 保证担保分连带保证和一般保证。《民法典》第686条规定："保证的方式包括一般保证和连带责任保证。当事人在保证合同中对保证方式没有约定或者约定不明确的，按照一般保证承担保证责任。"一般保证与连带保证的区别：借款到期后，债权人需先找债务人要钱，且当债务人无偿还能力时才能找保证人替债务人还钱，这种保证方式为一般保证。当借款到期后，不管债务人有没有还款能力，债权人都可以直接找保证人要钱，则为连带保证。很明显，后者更有利于债权人。银行与保证人约定的肯定是连带保证。故本文探讨的是连带保证方式下的保证期间问题。

2. 保证期间有约定按约定。《民法典》第692条第2款规定："债权人与保证人可以约定保证期间，但是约定的保证期间早于主债务履行期限或者与主债务履行期限同时届满的，视为没有约定；没有约定或者约定不明确的，保证期间为主债务履行期限届满之日起六个月。"上述条文的意思是说，保证期间允许当事人自由约定，债权人与保证人约定多久就是多久。若未约定或约定不清楚，就得依照《民法典》的规定，即保证期间为六个月。绝大多数银行在保证合同中约定保证期间为自借款到期后三年。原因是《民法总则》（现已失效）自 2017 年实施后，将金融债权的诉讼时效由过去的两年调整为三年。之后，多数银行将保证期间也约定为三年。银行将保证期间与诉讼时效调整一致，主要是为了便于清收人员的操作，即向债务人催收时，一并向保证人催收。

3. 保证期间约定不明时只有六个月。依照《民法典》第 692 条第 2 款的规定，债权人与保证人关于保证期间约定不明确的，保证期间为主债务履行期限届满之日起六个月。《民法典担保解释》第 32 条规定："保证合同约定保证人承担保证责任直至主债务本息还清时为止等类似内容的，视为约定不明，保证期间为主债务履行期限届满之日起六个月。"如"保证期间直至主债务还清为止"之类的约定，是实践中典型的约定不明的情形，此情况下保证期间只有六个月。这里需要说明的是，如果此类约定发生在《民法典》实施前，则应按照当时的法律，即《最高人民法院关于适用〈中华人民共和国担保法〉若干问题的解释》（现已失效）第 32 条第 2 款"保证合同约定保证人承担保证责任直至主债务本息还清时为止等类似内容的，视为约定不明，保证期间为主债务履行期限届满之日起二年"。注意担保行为发生的时间阶段。

4. 债权人未在保证期间内主张权利保证责任消灭。《民法典》第 693 条第 2 款规定："连带责任保证的债权人未在保证期间请求保证人承担保证责任的，保证人不再承担保证责任。"所以，提醒债权人，必须在保证期间内主张保证责任或者提起诉讼，否则保证人会脱保。金融机构制定的保证合同肯定明确约定了保证方式及保证期间，对于一般保证的讨论没有适用的空间。个别读者感兴趣的话，本文简单做一介绍。《民法典》第693条第1款规定："一般保证的债权人未在保证期间对债务人提起诉讼或者申请仲裁的，保证人不再承担保证责任。"上述条文是对一般保证适用保证期间的规范，债权人必须在保证期间内对债务人提起诉讼或者申请仲裁，超过保证期间的，保证人免责。

5. 保证期间与诉讼时效的转换关系。关于保证期间与诉讼时效的关系，是个难点，不少读者搞不清楚。《民法典》第694条第2款规定："连带责任保证的债权人在保证期间届满前请求保证人承担保证责任的，从债权人请求保证人承担保证责任之日起，开始计算保证债务的诉讼时效。"保证期间不发生中止、中断和延长，是个不变的期间。若债权人在保证期间内主张了保证责任，保证期间转化为诉讼时效，即自主张保证责任时开始计算三年的诉讼时效。

6. 多个保证人时，债权人需逐一主张保证责任。一笔贷款中，有两个以上连带保证人的，比较常见。债权人向其中一个保证人主张了保证责任的效力能否及于其他保证人？《民法典担保解释》第29条第1款："同一债务有两个以上保证人，债权人以其已经在保证期间内依法向部分保证人行使权利为由，主张已经在保证期间内向其他保证人行使权利的，人民法院不予支持。"上述条文意思是说，债权人应该逐个向每一个保证人主张权利，否则，对于超过保证期间未主张保证责任的保证人，面临免责的风险。

7. 最高额保证担保的保证期间起算规则。最高额保证是指保证人和债权人签订一个总的保证合同，为一定期限内连续发生的借款提供保证，只要债权人和债务人在保证合同约定的期限且债权额限度内进行交易，保证人则依法承担保证责任的保证行为。实践中，经常发生最高额保证担保的保证人担保两笔以上的贷款，保证期间如何起算？《民法典担保解释》第30条第1款、第2款规定：最高额保证合同对保证期间的计算方式、起算时间等有约定的，按照其约定。最高额保证合同对保证期间的计算方式、起算时间等没有约定或者约定不明，被担保债权的履行期限均已届满的，保证期间自债权确定之日起开始计算；被担保债权的履行期限尚未届满的，保证期间自最后到期债权的履行期限届满之日起开始计算。

（二）超过保证期间的补救措施

《民法典担保解释》第34条第2款规定："债权人在保证期间内未依法行使权利的，保证责任消灭。保证责任消灭后，债权人书面通知保证人要求承担保证责任，保证人在通知书上签字、盖章或者按指印，债权人请求保证人继续承担保证责任的，人民法院不予支持，但是债权人有证据证明成立了新的保证合同的除外。"依照上述规定，若债权人有办法让保证人重新签订保证合同，其依据新的保证合同自然有权主张保证人承担新的保证责任。但实践中，商业银行的客户经理在超过了保证期间后要求保证人订立新的保证合同的，可以预料到，多数保证人恐怕不同意签订。如果此时客户经理拿着一份具备保证合同关键要素的催收通知书找保证人签字，部分保证人在降低警惕性情况下可能会签收。该催收通知书能否视为新的保证合同？以下是2024年包头市中级人民法院的一份典型案例，能够一定程度地反映出形式上非保证合同，但合同内容上构成保证合同的判例观点。

【典型案例】

案例检索：包头某银行股份有限公司、陈某某等合同纠纷案[①]，案号：内蒙古自治区包头市中级人民法院（2024）内02民终1755号

裁判观点：包头某银行在保证期间内未要求陈某某承担保证责任，陈某某的保证责任消灭。2021年10月19日，包头某银行又向陈某某发

---

① 载中国裁判文书网，https：//wenshu.court.gov.cn/website/wenshu/181107ANFZ0BXSK4/index.html? docId = g/c5 + 2sulEztlg1SF0VVWl9sQoUlZZvG4tu + BYSJFYpJ524gnnRUPUKq3u + IEo4xrhYIUL6n/GD6LQ7ng5tkAliU8nguV0GmR0PFBl6r19aBxddJ8iFXGtrokKq40VK，最后访问时间：2025年3月24日。

出《保证担保人履行责任通知书》，该通知书中包含构成保证合同的基本内容，陈某某在该通知书上签字并捺印，足以证明双方间已成立了新的保证合同，故陈某某基于新的保证合同应当承担保证责任。综上，包头某银行要求陈某某、樊某某承担保证责任的上诉主张成立，本院予以支持。

二、抵押担保适用抵押期间制度

笔者在给金融机构培训时发现，多数金融机构重视抵押权的登记与处置，但未关注抵押期间的法律风险。抵押期间，又叫抵押权保护期间，就是抵押权人享受的抵押权受保护的期间，超过该期间未行使抵押权，抵押权不再受法律保护。提醒金融机构，涉及抵押担保业务的，必须正确掌握抵押期间的规定，才能有效防止超期的风险。

（一）关于抵押期间的正确理解

1. 他项权证上的"期间"并非抵押期间。抵押方式分为一般抵押和最高额抵押。如图示9-1所示，一般抵押他项权证上的"债务履行期限"，是指借款期限。一般情形下只有当借款期限届满后债务人未清偿债务时，抵押权人才能向抵押人主张抵押责任，此时抵押期间才开始计算。所以"债务履行期间"并非抵押期间。如图示9-2所示，最高额抵押他项权证上的"债权确定期间"，是指抵押权人向债务人发放贷款的时间，或者理解为债务人申请用信的期间。抵押权人只有在该期间内向债务人发放贷款，且贷款余额不超过"最高债权额"，抵押人才应承担抵押责任。所以该期间也非抵押期间。

第九讲　不同担保方式的担保期间及超期的不利后果　87

图示 9-1：一般抵押他项权证（空白样式）

（备注：本图由笔者为说明问题制作，仅为大致的样式，仅供参考。实际的他项权证格式和内容要求可能因地区、政策和登记机构的不同而有所不同。）

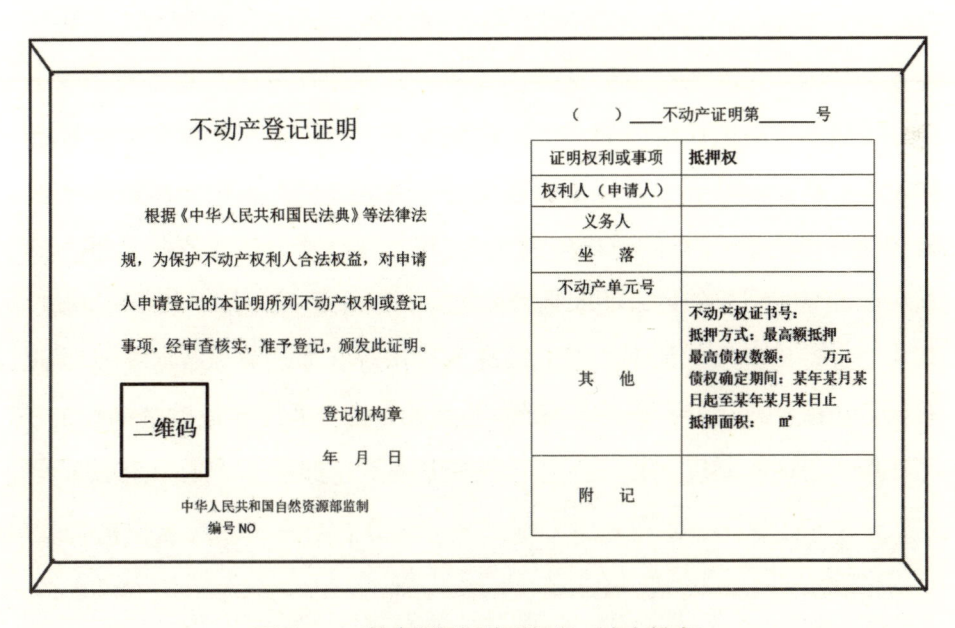

图示 9-2：最高额抵押他项权证（空白样式）

（备注：本图由笔者为说明问题制作，仅为大致的样式，仅供参考。实际的他项权证格式和内容要求可能因地区、政策和登记机构的不同而有所不同。）

2. 抵押期间与主债权诉讼时效一致。《民法典》第 419 条规定："抵押权人应当在主债权诉讼时效期间行使抵押权；未行使的，人民法院不予保护。"这里的"不予保护"如何理解？是抵押权丧失了公权力保护，还是丧失了抵押权？《会议纪要》第 59 条第 1 款："抵押权人应当在主债权的诉讼时效期间内行使抵押权。抵押权人在主债权诉讼时效届满前未行使抵押权，抵押人在主债权诉讼时效届满后请求涂销抵押权登记的，人民法院依法予以支持。"从最高人民法院的会议纪要来看，抵押权人超过抵押期间未主张抵押权的，实质上丧失了抵押权，而非仅丧失了公权力的保护。

3. 债务人诉讼时效中断的效力应及于抵押人。只要主债权诉讼时效不超过，抵押权就一直存续吗？假设债权人在借款到期后的三年内不间断地向债务人催收，但从未向抵押人催收过。债权人在借款到期后的第四年时起诉了债务人和抵押人，请问抵押权丧失了吗？依照《民法典担保解释》第 44 条的规定，主债权诉讼时效期间届满后，抵押权人主张行使抵押权的，人民法院不予支持；抵押人以主债权诉讼时效期间届满为由，主张不承担担保责任的，人民法院应予支持。该司法解释并未明确规定本文假设的情形下如何正确适用抵押期间。最高人民法院就《民法典担保解释》第 44 条的适用解读为①：审判实践中，能否支持抵押人的唯一标准是主债权的诉讼期间是否经过。只要主债权诉讼时效没有经过，都应当支持债权人的请求。另，最高人民法院在审理赵某、某物业管理有限公司抵押权纠纷再审民事案②中裁判观点为：抵押权是担保物权，并不适用诉讼时效制度，否则有违传统民法理论。抵押权只存在行使期间

---

① 最高人民法院民事审判第二庭主编：《最高人民法院民法典担保制度司法解释理解与适用》，人民法院出版社 2021 年版，第 401 页。
② 参见最高人民法院（2020）最高法民再 110 号民事判决书，载中国裁判文书网，https：//wenshu. court. gov. cn/website/wenshu/181107ANFZ0BXSK4/index. html？docId＝6FkEWTGhxShJ03ntsRFmboCklepmY9wZeHHhuzuR9jya/bqbymqFdPUKq3u+IEo4xrhYIUL6n/GD6LQ7ng5tkAliU8nguV0GmR0PFBl6r1+3gTK/JdRB6FYrzBpJX/1d，最后访问时间：2025 年 3 月 24 日。

的问题，只是依据《物权法》第 202 条①的规定，该行使期间与主债权诉讼时效期间相同，随着主债权诉讼时效中断、中止而变化。故笔者认为，借款到期后的三年内，债权人一直向债务人催收，主债权诉讼时效一直存在中断。超过三年后，债权人起诉抵押人时，因主债权诉讼时效的中断，抵押权仍然存续。

4. 只起诉债务人未起诉抵押人的抵押期间适用。债权人仅起诉债务人，未起诉抵押人，判决后债权人申请执行未果，现债权人又另行起诉抵押人，抵押权能否得到支持？依照《民法典担保解释》第 44 条的规定："……主债权诉讼时效期间届满前，债权人仅对债务人提起诉讼，经人民法院判决或者调解后未在民事诉讼法规定的申请执行时效期间内对债务人申请强制执行，其向抵押人主张行使抵押权的，人民法院不予支持。"最高人民法院就《民法典担保解释》第 44 条的适用解读为②：判决执行未果后，诉讼时效期间应当重新起算。故笔者认为，债权人对债务人申请执行时效内申请了执行，无论正在执行还是执行未果，债权人另案起诉抵押人的，抵押权应当得到支持；债权人胜诉后，申请执行时效期间内（两年）未申请强制执行的，而后另案起诉抵押人的，抵押权不应得到支持。

5. 最高额抵押担保抵押期间的正确适用。依照《民法典》第 420 条的规定，最高额抵押担保是为担保债务的履行，债务人或者第三人对一定期间内将要连续发生的债权提供担保财产的，债务人不履行到期债务或者发生当事人约定的实现抵押权的情形，抵押权人有权在最高债权额限度内就该担保财产优先受偿的担保方式。实践中，最高额抵押担保的抵押人很可能担保两笔以上的借款，抵押期间如何计算？实践中，这个问题有点复杂，且金融机构碰到的也不多。笔者检索了相关法律、司法

---

① 《物权法》已废止，《民法典》第 419 条延续了该条精神。
② 最高人民法院民事审判第二庭主编：《最高人民法院民法典担保制度司法解释理解与适用》，人民法院出版社 2021 年版，第 401 页。

解释及入库案例，未发现对此有明确规定或判例观点。依照《民法典》第 424 条的规定，《民法典》关于最高额抵押担保未规定，适用《民法典》有关一般抵押的规定。依照《民法典》第 419 条关于一般抵押的规定，抵押权人应当在主债权诉讼时效期间行使抵押权。最高额抵押担保中，抵押人担保两笔以上借款的，主债权的诉讼时效同样会涉及对应数量且独立的诉讼时效。依据上述基础性规定，抵押权人应当在每一笔借款的诉讼时效内向抵押人主张抵押责任。但是，上述基础性规定与最高额担保制度中的"债权确定"制度相冲突。以银行最高额抵押担保业务为例，假设约定的债权确定期间为两年，最高债权额为 1000 万元。银行在两年内向债务人发放若干笔贷款，只要贷款余额不要超过 1000 万元的最高债权额，抵押人就需要承担抵押责任。抵押权人何时可以向抵押人主张抵押责任呢？依照《民法典》第 423 条关于"债权确定"的规定，发生诸如债权确定期间届满或抵押物被司法查封等法定事由时，银行不得再向债务人发放贷款，且同时与债务人、抵押人进行决算，看看已发放了多少贷款，债务人仍拖欠多少借款本息。债务人拖欠的本息，只要不超过最高债权额，即是抵押人需承担的抵押范围。当银行发放的第一笔贷款已到期时，债权确定的事由还未发生时，此时不符合《民法典》规定的决算条件，即还未到银行向抵押人主张抵押责任的时机。所以最高额抵押担保业务中，不应当根据每一笔贷款的诉讼时效去计算抵押期间。最高人民法院注意到最高额保证担保业务中的保证期间起算问题，规定多笔贷款的保证期间无需逐一计算。《民法典担保解释》第 30 条第 2 款规定："最高额保证合同对保证期间的计算方式、起算时间等没有约定或者约定不明，被担保债权的履行期限均已届满的，保证期间自债权确定之日起开始计算；被担保债权的履行期限尚未届满的，保证期间自最后到期债权的履行期限届满之日起开始计算。"故笔者认为，最高额抵押担保业务中，抵押期间的计算应参照《民法典担保解释》关于最高额保证担保的保证期间的计算规则。因最高额抵押属于物权担保，不适用于约定。故最高额抵押担保的抵押期间为：担保债权的履行期限均已届满的，抵押期间自债权确定之日起开始计算三年的诉讼时效；被担保债权的履行期限尚未届满的，抵押期间自最后到期债权的履行期限届满之日起开始计算三年的诉讼时效。

（二）超过抵押期间未主张抵押责任的救济

超过主债权诉讼时效即抵押期间未向债务人主张过权利，也未向抵押人主张过抵押权，抵押权丧失。当抵押权丧失后，先前的抵押登记法律上已失去意义，抵押权人有义务涂销抵押登记。此时，抵押权人还有没有救济途径？比如让抵押人重新订立抵押合同，又比如让抵押人签收催收通知书等。因为不动产抵押是需要办理抵押登记的，即使抵押人配合上述行为，若未重新办理抵押登记，新的抵押权是未有效设立的。所以，提醒抵押权人千万不要超过抵押期间未行使抵押权。

三、质押担保适用的质押期间同抵押期间制度一致

依照《民法典》第425条的规定，质押担保是为担保债务的履行，债务人或者第三人将其动产出质给债权人占有的，债务人不履行到期债务或者发生当事人约定的实现质权的情形，债权人有权就该动产优先受偿的一种担保方式。质押担保与抵押担保同属于物权担保，债权人就担保物享有优先受偿权。质押担保的质押期间与抵押担保的抵押期间既有相同之处又有区别。

1. 不同质物设立质押权的要件不同。依照《民法典》第429条、第440条的规定，质押权的有效设立分两种方式：一是以质押物（或权利凭证）交付质权人占有为质权生效条件。包括：动产，权利凭证（如汇票、本票、支票、债券、存款单、仓单、提单）及保证金。二是以办理质押登记作为质权生效条件。具体包括：基金份额，股权、股份，知识

产权中的财产权（如注册商标专用权、专利权、著作权等）及应收账款。

2. 以登记作为公示方式的权利质权与抵押期间一致。依照《民法典担保解释》第44条第1款、第3款的规定，以登记作为公示方式的权利质权，质押期间同抵押期间的规则是一致的，即质权人必须在主债权诉讼时效期间内行使质权，超过该期间未行使的，质权丧失。具体适用参照本文关于抵押期间的描述。

3. 以交付占有作为公示方式的质权人超过主债权诉讼时效后仍享有优先受偿权。依照《民法典担保解释》第44条第2款、第3款的规定，动产质权、以交付权利凭证作为公示方式的权利质权，债权诉讼时效期间届满后，质押人请求质权人返还质押财产的，人民法院不予支持；质押人请求拍卖、变卖留置财产并以所得价款清偿债务的，人民法院应予支持。上述司法解释关于交付占有作为公示的质权与以登记作为公示方式的质权明显不一致，注意区分。以交付占有作为公示方式的质权更像留置权的特征，两者的权利人都占有质物。故最高人民法院对以交付占有作为公示的质权参照的是留置权的规则，即"主债权诉讼时效期间届满后，财产被留置的债务人或者对留置财产享有所有权的第三人请求债权人返还留置财产的，人民法院不予支持；债务人或者第三人请求拍卖、变卖留置财产并以所得价款清偿债务的，人民法院应予支持。"核心意思是说，质物是由债权人占有的，即使超过了主债权诉讼时效未主张质权，债权人照样可以对质物享有优先受偿权。对此类质权，即使展期未经质押人同意，不存在风险。

第十讲　担保人免责的法定情形及风险防范

信贷业务的法律风险主要表现在担保业务上，担保业务的法律风险主要体现在担保人免责上。商业银行某一笔贷款中的担保人被免责，监管上涉嫌贷前、贷中或贷后管理未尽职，将受到监管处罚；民事上将失去第二还款来源，直面损失的后果；刑事上，工作人员将涉嫌违规发放贷款、骗取贷款等犯罪行为。一起个案败诉，哪怕是个别担保人免责，都可能引发系统性金融风险。金融机构对此引起足够重视，要了解担保人免责的常见情形。根据金融机构信贷流程及常见的操作风险，以及人民法院审判实践情况，笔者总结出常见的担保人免责的十种法定情形。本文重点分析商业银行等信贷机构常用的连带保证担保和抵押担保两种担保方式下的法定免责情形，并提出防范建议。

一、担保人免责的事由与范围

（一）担保人免责的事由

担保人免责必须存在法定或约定情形。在涉及金融借款合同的担保人免责问题时，审理法官不得滥用自由裁量权。如何理解"法定免责"的含义？法律规定特定情形下，贷款人有过错，担保人免责。哪怕担保合同中约定此情形下担保人不免责，也因触犯法律效力性规定而无效，担保人也依然免责。关于约定免责，担保合同中约定出现何种情形时担保人免责，这种约定很明显不符合格式合同制定者的利益，所以信贷机构不会自我束缚，自我限制。除非金融监管机构强制性要求必须约定在担保合同的约束性条款。举例，依照《流动资金贷款管理办法》（2024年7月1日实施）第23条、第24条的规定，贷款人应在借款合同中与借款人明确约定流动资金贷款的金额、期限、利率、用途、支付、还款方式等条款。其中关于支付条款，包括但不限于以下内容：（1）贷款资金的支付方式和贷款人受托支付的金额标准；（2）支付方式变更及触发变更条件；（3）贷款资金支付的限制、禁止行为；（4）借款人应及时提供的贷款资金使用记录和资料。按照金融监管总局的上述规定，自2024年7月1日起，商业银行流动资金借款合同必须约定支付方式与支付金额。笔者代理的一起金融借款合同纠纷中，某城商行借款合同约定的支付方式为受托支付，保证人在法庭上提出城商行未提交受托支付的证据，怀疑未按受托支付的方式履行放款义务，构成违约，加大了其保证责任，故应按照《民法典》第695条的规定，免责。审理法院的合议庭采纳了该观点，责令我方提交受托支付的凭证。最终城商行找到了受托支付的流水（银行支付给借款人的流水，银行受托从借款人账户又支付给交易方的流水）、交易合同，审理法院才驳回了保证人的抗辩意见。综上分析，审判实践中约定免责是极少的情况，法定免责则是常见形态。本文重点梳理担保人法定免责的若干情形。

（二）担保人免责的范围

这里的"免责"有两种结果：一是担保责任全部免责，亦无其他法律责任。比如超过了担保期限，担保人什么责任也不承担；又比如未告知借新还旧的用途，担保人脱保，什么责任也没有了。二是担保责任免责，但需承担一定比例的补充赔偿责任。依照《民法典担保解释》第17条的规定，如担保合同无效，在担保人有过错的情况下，虽然担保责任免除了，但仍需承担不应超过债务人不能清偿部分的一定比例的赔偿责任。此处的赔偿责任为补充赔偿责任，类似一般保证责任，即先执行债务人，当债务人无财产可供执行时，再执行担保人的赔偿份额。

二、担保人免责的法定情形

根据信贷业务操作风险以及人民法院审判实践，笔者总结了十种担保人免责的法定情形（见图示10-1）。

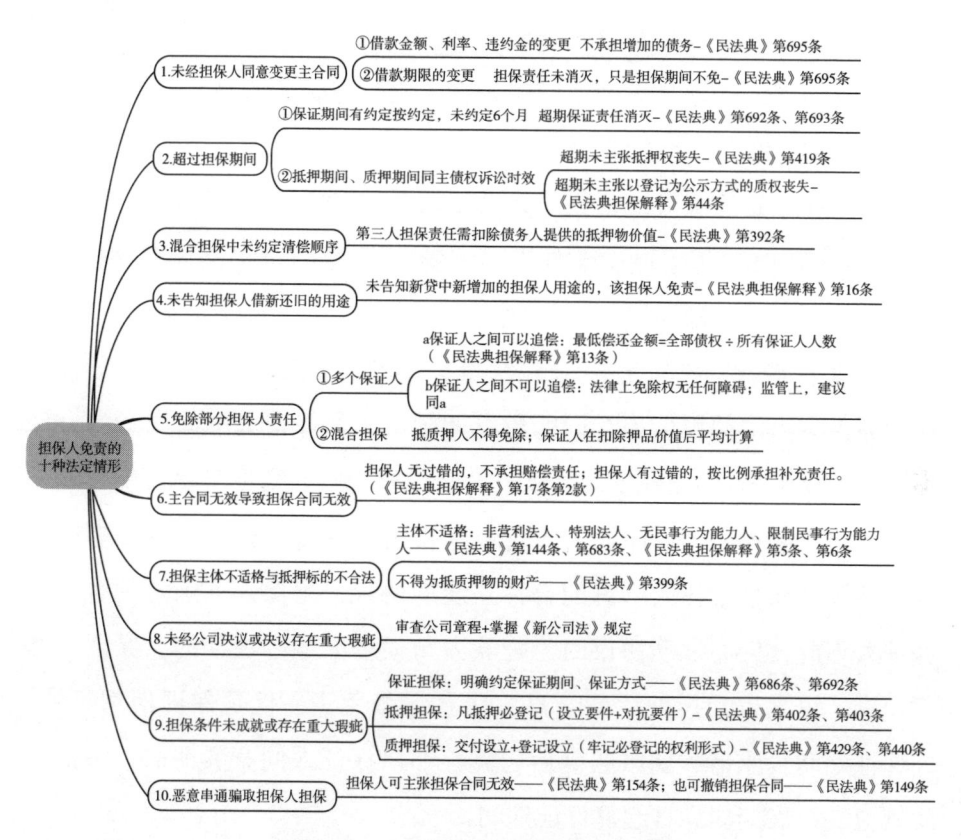

担保人免责的十种法定情形

1. 未经担保人同意变更主合同
   - ①借款金额、利率、违约金的变更　不承担增加的债务－《民法典》第695条
   - ②借款期限的变更　担保责任未消灭，只是担保期间不免－《民法典》第695条

2. 超过担保期间
   - ①保证期间有约定按约定，未约定6个月　超期保证责任消灭－《民法典》第692条、第693条
   - ②抵押期间、质押期间同主债权诉讼时效
     - 超期未主张抵押权丧失－《民法典》第419条
     - 超期未主张以登记为公示方式的质权丧失－《民法典担保解释》第44条

3. 混合担保中未约定清偿顺序　第三人担保责任需扣除债务人提供的抵押物价值－《民法典》第392条

4. 未告知担保人借新还旧的用途　未告知新贷中新增加的担保人用途，该担保人免责－《民法典担保解释》第16条

5. 免除部分担保人责任
   - ①多个保证人
     - a保证人之间可以追偿：最低偿还金额=全部债权÷所有保证人人数（《民法典担保解释》第13条）
     - b保证人之间不可以追偿：法律上免除权无任何障碍；监管上，建议加a
   - ②混合担保　抵质押人不得免除；保证人在扣除抵押品价值后平均计算

6. 主合同无效导致担保合同无效　担保人无过错的，不承担赔偿责任；担保人有过错的，按比例承担补充责任。（《民法典担保解释》第17条第2款）

7. 担保主体不适格与抵押标的不合法
   - 主体不适格：非营利法人、特别法人、无民事行为能力人、限制民事行为能力人——《民法典》第144条、第683条、《民法典担保解释》第5条、第6条
   - 不得为抵质押物的财产——《民法典》第399条

8. 未经公司决议或决议存在重大瑕疵　审查公司章程+掌握《新公司法》规定

9. 担保条件未成就或存在重大瑕疵
   - 保证担保：明确约定保证期间、保证方式——《民法典》第686条、第692条
   - 抵押担保：凡抵押必登记（设立要件+对抗要件）－《民法典》第402条、第403条
   - 质押担保：交付设立+登记设立（牢记必登记的权利形式）－《民法典》第429条、第440条

10. 恶意串通骗取担保人担保　担保人可主张担保合同无效－《民法典》第154条；也可撤销担保合同——《民法典》第149条

图示10-1：担保人免责的十种法定情形

理论上《民法典》等民事法律关于担保人免责的规定不限于此，对于实践中不常见的免责事由不再一一赘述。本文中的"担保人"包含了常见担保方式中的保证人、抵押人、质押人。多数免责的法定情形对于几类担保人是共性的存在，但也有区分，比如保证期间与抵押期间的不

同，下文中分别作了分析。

(一) 未经担保人同意变更主合同内容

1. 关于借款金额、利率、违约金等主要内容的变更。《民法典》第695条第1款规定："债权人和债务人未经保证人书面同意，协商变更主债权债务合同内容，减轻债务的，保证人仍对变更后的债务承担保证责任；加重债务的，保证人对加重的部分不承担保证责任。"关于借款金额、利率等主要内容的变更，未经保证人同意的，对于加重的部分，保证人不承担保证责任。举例说明，贷款人与债务人补充约定，将原来的借款金额由100万元增加至200万元，未经保证人同意的，保证只对最初借款100万元承担保证责任。如果贷款人与债务人补充约定，将原来的借款金额由100万元减少至50万元，则保证人对实际发生的借款50万元承担保证责任。抵押担保、质押担保同样适用。

2. 关于借款期限的变更。《民法典》第695条第2款规定："债权人和债务人变更主债权债务合同的履行期限，未经保证人书面同意的，保证期间不受影响。"实践中，贷款人关于借款期限的变更主要表现在展期业务上。借款到期，经债权人同意可延长借款期限，利率仍然按借期内利率计算。通常债务人愿意配合订立展期协议，担保人不乐意配合。当保证人不配合订立展期协议时，贷款人与债务人继续展期的，保证人并不免责，也无权对展期后的利息、罚息主张免责，仅是保证期间不变，即保证期间自原借款期限届满后起算。如果保证人同意展期的，保证期间则应当自展期届满日起算保证期间。

关于抵押担保，当抵押人不同意展期，债权人继续与债务人办理展期业务的，抵押责任并不消灭，只是抵押期间不变。抵押期间与主债权诉讼时效一致，即抵押人必须在主债权诉讼时效期间内行抵押权，超过该期间未行使的，抵押权丧失。未经抵押人同意的展期，抵押期间自原借款到期日后起算诉讼时效，而非自展期后起算诉讼时效。关于质押担保，以登记作为公示方式的权利质权，质押期间同抵押期间的规则是一致的，未经质押人同意的展期风险，同抵押担保；以交付占有作为公示方式的质权，因质物是由债权人占有，即使超过了主债权诉讼时效未主张质权，债权人照样可以对质物享有优先受偿权。对此类质权，即使展期未经质押人同意，不存在风险。关于保证担保、抵押担保、质押担保的展期风险，因笔者在本书中作了专题分析，详见第九讲《不同担保方式的担保期间及超期的不利后果》，故此处只是简单概述结论，不做赘述。

3. 风险提示。未经担保人同意的展期，贷款人如果执意展期，可以操作，但要记住风险。保证期间、抵押期间、质押期间要从原借款期限届满日起算，切莫从展期届满日计算。否则会面临超过担保期间的风险，该风险将导致担保人免责。

（二）超过担保期间

银行信贷业务中常见的担保方式有保证担保、抵押担保与质押担保。不同担保方式的担保期间亦不相同。如银行未在担保期间内主张担保责任，将面临担保人免责的风险。保证期间有约定按约定，没有约定或约定不明的，按照六个月。绝大多数银行在保证合同中约定保证期间为自借款到期后三年。抵押期间、质押期间同主债权的诉讼时效一致，即债权人必须在主债权诉讼时效内向抵押人、质押人主张担保责任，超过该期间未主张的，担保物权丧失。所以，提醒债权人，必须在担保期间内主张担保责任或者提起诉讼，否则担保人会脱保。

关于保证担保、抵押担保与质押担保的具体适应，笔者在本书中第九讲《不同担保方式的担保期间及超期的不利后果》已做详细分析。本文只是对超过担保期间未主张担保责任担保人免责的法律风险做出提示，其他具体操作不做赘述。

（三）混合担保中未约定清偿顺序

混合担保，指的是在同一个债权债务关系中，既有物的担保，又有人的担保的情形。物的担保是指以特定的物担保债权的实现，包括债务人自身提供的物的担保，也包括第三人提供的物的担保；人的担保是指以人的信誉担保债权的实现，即保证。

1. 债务人自身提供抵押时的清偿顺序。《民法典》第 392 条规定："被担保的债权既有物的担保又有人的担保的，债务人不履行到期债务或者发生当事人约定的实现担保物权的情形，债权人应当按照约定实现债权；没有约定或者约定不明确，债务人自己提供物的担保的，债权人应当先就该物的担保实现债权；第三人提供物的担保的，债权人可以就物的担保实现债权，也可以请求保证人承担保证责任。提供担保的第三人承担担保责任后，有权向债务人追偿。"举例说明，一笔贷款中债务人 A 公司以名下的土地提供了抵押担保，小黑提供了连带保证担保，小红提供了一套住房办理了抵押担保。担保合同中未约定贷款人可以找 A 公司、小黑或小红任一方主张还款责任或担保责任，无需先执行 A 公司的抵押物。依照上述规定，人民法院应当判令贷款人先就债务人 A 公司土地变价款清偿债务，不足部分才可以向担保人主张担保责任。担保人之间不分先后顺序。如果 A 公司的土地难以变现，而小黑有清偿能力或小红的住房易变现呢？贷款人很痛苦，但没有办法，只能先申请法院执行 A 公司的土地。当该土地流拍后，贷款人不接受以物抵债的，执行法院执行担保人可能会从全部债权中抵扣土地流拍后的价值作为继续执行第三人担保人的剩余债权。

2. 风险提示。混合担保中，债务人自身提供了抵押物的，未约定清偿顺序，债权人需先申请执行债务人的抵押物，对于剩余债务才能申请执行担保人。此时，担保人并不免责，只是在清偿顺序上，排在了债务人之后。一是影响了执行效率；二是减少了担保责任。无论债务人的抵押物能不能变现，都需要从全部债权中扣除该抵押物的价值，担保人的担保责任自然减少了。所以，建议信贷机构在信贷合同中一定要明确约定：对于债务人有抵押物的，可不分清偿顺序，债权人可任意向债务人和担保人主张责任。

(四) 未告知担保人借新还旧的用途

《民法典担保解释》第16条第1款规定："主合同当事人协议以新贷偿还旧贷，债权人请求旧贷的担保人承担担保责任的，人民法院不予支持；债权人请求新贷的担保人承担担保责任的，按照下列情形处理：(一) 新贷与旧贷的担保人相同的，人民法院应予支持；(二) 新贷与旧贷的担保人不同，或者旧贷无担保新贷有担保的，人民法院不予支持，但是债权人有证据证明新贷的担保人提供担保时对以新贷偿还旧贷的事实知道或者应当知道的除外。"用一句信贷语言概括上述规定：银行办理借新还旧业务的，未告知新贷中新增加的担保人用途的，该担保人免责。提醒信贷机构，新旧贷款担保人一致的情形下，因为新贷偿还了旧贷，旧贷上的担保责任也随之消灭，并未增加担保人的担保责任，即使未告知借款用途，担保人也不免责。

(五) 债权人免除权的审慎行使

依照《民法典》第559条、第575条的规定，债权人免除债务人部分或者全部债务的，债权债务部分或者全部终止。债权债务终止时，债权的从权利同时消灭。如果债权人免除保证人部分或全部的责任，对债权人有何不利影响？一笔贷款多个连带保证人，实践中比较普遍。当贷款人提起诉讼或申请强制执行后，一部分保证人会主动找上门来谈和解。大多数保证人的话术是：毕竟不是我用了贷款，何况还有好几位保证人，我同意还一部分，贷款人把我撤诉或撤回执行，同时承诺不再就剩余债务向我主张保证责任了。此时，你如果是贷款人的有权审批人，同意还是不同意？不同意的话，眼睁睁地看着保证人把钱带走？同意的话，又担心其他保证人有意见，怕自身将来需要担责。很多行长问我，到底要不要？我的回答：要！但要掌握一条红线。要想搞清楚这条红线，先要了解保证人之间的追偿权制度。

1. 保证人之间的追偿权需满足特殊条件。《民法典担保解释》第13条规定："同一债务有两个以上第三人提供担保，担保人之间约定相互追偿及分担份额，承担了担保责任的担保人请求其他担保人按照约定分担份额的，人民法院应予支持；担保人之间约定承担连带共同担保，或者约定相互追偿但是未约定分担份额的，各担保人按照比例分担向债务人不能追偿的部分。同一债务有两个以上第三人提供担保，担保人之间未对相互追偿作出约定且未约定承担连带共同担保，但是各担保人在同一份合同书上签字、盖章或者按指印，承担了担保责任的担保人请求其他担保人按照比例分担向债务人不能追偿部分的，人民法院应予支持。除前两款规定的情形外，承担了担保责任的担保人请求其他担保人分担向债务人不能追偿部分的，人民法院不予支持。"上述规定晦涩而抽象。笔者用信贷语言概括之，即多个连带保证人之间，代偿的保证人一般不可以向其他保证人追偿，只能向债务人追偿。除非三种特殊情形，保证人才可以彼此追偿：例外一：当所有的保证人之间与贷款人签订同一份保证合同；例外二：保证人之间约定可以追偿；例外三：代偿的保证人有证据证明其与其他保证人之间有共同为债务人保证的意思表示。关于追偿的份额，有约定按约定，没有约定按照超出平均分担部分即为追偿的部分。

2. 免除保证人部分责任需掌握红线。举例说明保证人免责与保证人之间追偿权的关系。小黑与小白共同为小红100万元贷款提供了连带保证责任，二人与A银行签订了同一份连带保证合同。小红逾期未偿还本金，A银行将小红、小黑及小白共同起诉至法院。小黑找到A银行行长，表示愿意偿还30万元，并要求银行承诺撤回对其诉讼并不再主张剩余债务的保证责任。行长同意，A银行收到30万元后，撤回了对小黑的起诉并书面承诺不再追究其他保证责任。小白得知此事，在法庭中提出抗辩：基于小白和小黑签订同一保证合同的事实，二人彼此间有追偿权。二人平均分担的份额为：100万元÷2人＝50万元。若其承担了剩余债务70万元后，超出平均分担的份额部分20万元，其有权向小黑追偿。但因银行已将该追偿的部分免除掉，该免除行为侵害了其20万元的追偿权。所以有权抗辩对剩余债务中的20万元不予承担保证责任，只承担50万元的保证责任。法院对此予以支持。通过举例我们得出这样的结论：多个保证人提供连带保证的，当保证人之间有追偿权时，贷款人拟免除某个保证人部分保证责任的，最低偿还金额＝全部债权÷所有保证人人数。

3. 保证人之间无追偿权时亦无抗辩权。保证人之间无追偿权时，债权人免除部分保证人责任的，其他保证人无权针对免除行为提出抗辩。在法律上并无障碍，但在行业监管上会遭质疑。笔者建议，贷款人要想做到尽职免责，注意以下两个操作细节：一是把握和解的时机。穷尽执行手段仍无可供执行的财产时再考虑是否免除个别担保人的部分担保责任。二是守住免除金额的红线。免除部分保证人责任的，不要全部免除，否则面对监管机构无法做出合理解释。建议免除部分不要超出上文中提到的红线。

4. 混合担保中免除权的审慎行使。笔者认为，具体的法律适用要考虑信贷业务的特征和金融监管环境。贷款人免除抵押人、保证人全部或部分担保责任，即使其他担保人无权提出异议，但还要考虑贷款人自身的合规制度、风险偏好以及当地监管机构的监管政策。既要抓住转瞬即逝的和解机会，又要审慎行使免除权。笔者的建议仅是自己的想法，供各位参考：(1) 若抵押人（或质押人）提出在担保范围内部分代偿并免除剩余抵押责任的，贷款人果断拒绝。虽法律上没有障碍，但合规上有问题。(2) 若保证人仅为一人的，其余为物权担保的，当保证人有部分代偿的意思表示并要求免除剩余债务的，笔者建议代偿的最低金额为从全部债权中剔除抵押物价值后的债务。(3) 若两个以上保证人的，代偿的金额不得低于平均份额。

（六）主合同无效导致担保合同无效

1. 主合同无效担保合同亦无效。依照《民法典》第 388 条的规定，主债权债务合同无效的，担保合同无效，但是法律另有规定的除外。担保合同被确认无效后，债务人、担保人、债权人有过错的，应当根据其过错各自承担相应的民事责任。《民法典担保解释》第 17 条第 2 款规定："主合同无效导致第三人提供的担保合同无效，担保人无过错的，不承担赔偿责任；担保人有过错的，其承担的赔偿责任不应超过债务人不能清偿部分的三分之一。"前文已述，此处的"赔偿责任"为补充责任，意思是债务人与担保人的清偿顺序有先后之分，先由债务人偿还，担保人对于不足部分再按法院认定的比例承担赔偿责任。

2. 主合同无效的法定情形。何种情况下借款合同会无效呢？《民法典》第 144 条规定：无民事行为能力人实施的民事法律行为无效。第 146 条规定：行为人与相对人以虚假的意思表示实施的民事法律行为无效。以虚假的意思表示隐藏的民事法律行为的效力，依照有关法律规定处理。第 153 条规定：违反法律、行政法规的强制性规定的民事法律行为无效。但是，该强制性规定不导致该民事法律行为无效的除外。违背公序良俗的民事法律行为无效。第 154 条规定：行为人与相对人恶意串通，损害他人合法权益的民事法律行为无效。违反上述法律规定，一般情况下借款合同会认定无效。最高人民法院于 2023 年 1 月 10 日在全国金融审判会议上强调[①]，哪怕是信贷机构工作人员与借款人恶意串通、涉嫌金融犯罪的，借款合同也不一定无效。金融犯罪不应作为认定借款合同无效的事由，判断借款合同是否无效，应根据《民法典》等民事法律作出认定。《最高人民法院关于适用〈中华人民共和国民法典〉合同编通则若干问题的解释》第 16 条规定："合同违反法律、行政法规的强制性规定，有

[①] 刘贵祥：《关于金融民商事审判工作中的理念、机制和法律适用问题》（此文系根据刘贵祥专委 2023 年 1 月 10 日在全国法院金融审判工作会议上的讲话整理形成），载《法律适用》2023 年第 1 期。

下列情形之一，由行为人承担行政责任或者刑事责任能够实现强制性规定的立法目的的，人民法院可以依据民法典第一百五十三条第一款关于'该强制性规定不导致该民事法律行为无效的除外'的规定认定该合同不因违反强制性规定无效：（一）……"自 2023 年以来，最高人民法院关于合同无效的认定的态度越来越谨慎，司法在保护交易安全的同时，也要鼓励交易。

（七）担保主体不适格与抵押标的不合法

1. 不适格提供担保的主体。《民法典》第 683 条规定："机关法人不得为保证人，但是经国务院批准为使用外国政府或者国际经济组织贷款进行转贷的除外。以公益为目的的非营利法人、非法人组织不得为保证人。"《民法典担保解释》第 5 条规定："机关法人提供担保的，人民法院应当认定担保合同无效，但是经国务院批准为使用外国政府或者国际经济组织贷款进行转贷的除外。居民委员会、村民委员会提供担保的，人民法院应当认定担保合同无效，但是依法代行村集体经济组织职能的村民委员会，依照村民委员会组织法规定的讨论决定程序对外提供担保的除外。"第 6 条第 1 款："以公益为目的的非营利性学校、幼儿园、医疗机构、养老机构等提供担保的，人民法院应当认定担保合同无效……"上述规定明确了机关法人、村委会、居委会等特别法人，非营利法人及以公益为目的非法人组织不得作为担保人。上述规定均为强制性、效力性规定，一经违反，担保合同无效。需要说明的是，民办教育机构和医疗机构有非营利法人，也有营利法人。不能一看到"民办"性质就推定为非营利法人，进而与之订立担保合同。认定非营利法人还是营利法人，很大程度取决于登记：在民政部门（事业单位登记机关）登记的，往往是非营利法人；在市场监督管理部门登记的，一般是营利法人。

另需注意，《民法典》第 144 条规定："无民事行为能力人实施的民事法律行为无效。"第 145 条第 1 款规定："限制民事行为能力人实施的纯获利益的民事法律行为或者与其年龄、智力、精神健康状况相适应的民事法律行为有效；实施的其他民事法律行为经法定代理人同意或者追认后有效。"信贷机构不要与未成年、精神病人等无民事行为或限制民事行为能力人订立担保合同，即使监护人代理签订，也会因侵害了这些特殊主体的权利而认定担保合同无效。为了便于读者快速掌握不适格的担保主体，笔者将上述分散的法律规定做一梳理，详见图示10-2。

2. 不得为抵押物的财产。《民法典》第399条规定："下列财产不得抵押：（一）土地所有权；（二）宅基地、自留地、自留山等集体所有土地的使用权，但是法律规定可以抵押的除外；（三）学校、幼儿园、医疗机构等为公益目的成立的非营利法人的教育设施、医疗卫生设施和其他公益设施；（四）所有权、使用权不明或者有争议的财产；（五）依法被查封、扣押、监管的财产；（六）法律、行政法规规定不得抵押的其他财产。"上述规定属于效力性规定，若以上述财产抵押担保的，抵押合同无效。该规定专门针对抵押财产的禁止范围。确保抵押担保合法有效，一是抵押人不属于图示10-2中的不适格主体，二是抵押的财产不能是禁止抵押的财产。

```
                    ┌─ 机关法人、村委会、居委会等特别法人不得作为担保人
         特别法人不适格 ├─ 例外：机关法人经国务院批准为使用外国政府或者国际经济组织
                    │     贷款进行转贷的除外；代行村集体经济组织职能的村民委员会
                    └─ 《民法典》第683条、《民法典担保解释》第5条

                     ┌─ 非营利性学校、幼儿园、医疗机构、养老机构不得作为担保人
担保主体不适格─ 非营利法人不适格 ├─ 例外：非营利民办学校、医院等可以作为担保人
                     └─ 《民法典担保解释》第6条

                      ┌─ 无民事行为能力人实施的民事法律行为无效
         行为能力受限不适格 ├─ 限制民事行为人从事非纯获利或与年龄智力不相符的行为，
                      │   经法定代理人同意或者追认后有效
                      └─ 《民法典》第144条、第145条
```

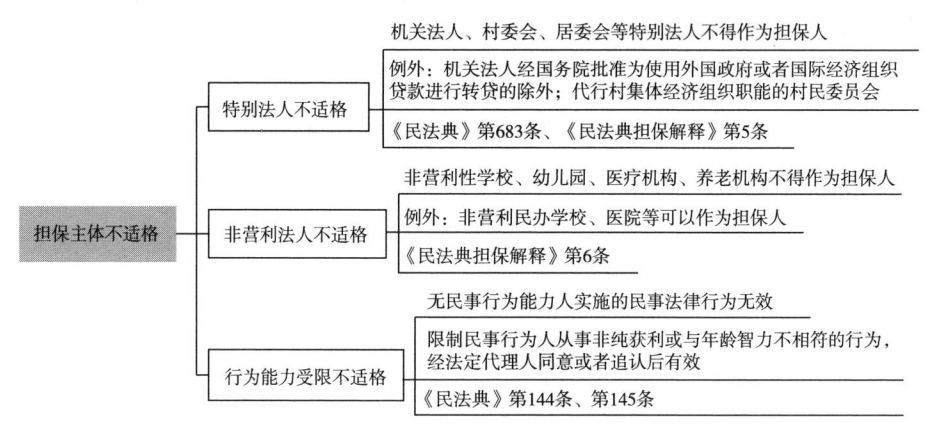

图示10-2：担保主体不适格

3. 主体不适格或抵押财产不合法导致的不利后果。担保主体不适格或抵押财产属于禁止抵押的财产，因违反上述强制性、效力性规定，将导致抵押合同无效。《民法典担保解释》第17条第1款规定："主合同有

效而第三人提供的担保合同无效，人民法院应当区分不同情形确定担保人的赔偿责任：（一）债权人与担保人均有过错的，担保人承担的赔偿责任不应超过债务人不能清偿部分的二分之一；（二）担保人有过错而债权人无过错的，担保人对债务人不能清偿的部分承担赔偿责任；（三）债权人有过错而担保人无过错的，担保人不承担赔偿责任。"

【典型案例】

案例检索[①]：**东莞某公司诉李某某、郑某某借款合同纠纷案**

裁判要旨：以《担保法》第37条第3项及《物权法》第184条第3项规定的"学校、幼儿园、医院等以公益为目的的事业单位、社会团体的教育设施、医疗卫生设施和其他社会公益设施"作抵押担保时，应认定该合同无效。民办学校属于"以公益为目的的事业单位、社会团体"的范畴，民办学校用于公益的教育设施系不得设立抵押的财产。用于教育设施建设的土地，依据《物权法》第182条规定的房地一体原则，亦不能作为抵押物。债权人、担保人对上述建有教育设施的土地设立抵押均有过错的，应根据《担保法司法解释》第7条的规定，判令担保人承担民事责任的部分不超过债务人不能清偿部分的二分之一。

（八）公司对外担保未经公司决议或决议存在重大瑕疵

依照《公司法》（2023年修订）第15条的规定，公司为他人提供担保，由股东会或董事会决议。该规定系强制性、效力性规定。公司作为担保人出现时，必须提供公司决议，一旦违反，担保无效。所以涉及公司担保的业务，贷款人必须要求提供担保的公司出具公司决议。公司提供担保时由谁来出具决议，股东会还是董事会？股东会和董事会的表决

---

① 《东莞某公司诉李某某、郑某某借款合同纠纷案》，入库编号2023-16-2-103-004，载人民法院案例库网站，https://rmfyalk.court.gov.cn/view/list.html?key=qw&keyName=%25E5%2585%25A8%25E6%2596%2587&value=2023-16-2-103-004&isAdvSearch=0&searchType=1&lib=cpwsAl_qb，最后访问时间：2025年3月21日。

程序，又是如何规定的？公司决议属于形式审查还是需要面签？当公司章程对上述事项未约定或有约定但与新《公司法》的规定相冲突，又该如何抉择？《民法典担保解释》规定贷款人对公司决议的审查必须尽到合理的审查义务，才能构成善意，决议才能有效。何谓"合理的审查义务"？上述问题是贷款人审查审批公司决议的核心要点。该问题随着新《公司法》在 2024 年 7 月 1 日的实施，变得既新又急迫。本文仅是就担保人免责的法定事由做一归类并作出风险提示，关于公司决议的审查标准，详见本书第十六讲《新〈公司法〉背景下公司决议审查标准的重新审视》一文。

（九）担保条件未成就或存在重大瑕疵

1. 保证担保重在关键条款的明确约定。保证合同的内容一般包括被保证的主债权的种类、数额，债务人履行债务的期限，保证的方式、范围和期间等条款。保证合同可以是单独订立的书面合同，也可以是主债权债务合同中的保证条款。第三人单方以书面形式向债权人作出保证，债权人接收且未提出异议的，保证合同成立。保证方式与保证期间是保证合同最为关键的内容，必须约定明确。保证方式分一般保证与连带保证，信贷机构制定的格式合同中约定的均为连带保证。当保证合同未约定或约定不明确时，依照《民法典》第 686 条的规定，推定为一般保证。保证期间，有约定按约定，没有约定或约定不明的，依照《民法典》第 692 条的规定，按照六个月计算。信贷机构制定的格式合同中通常约定保证期间为三年。

2. 不动产抵押担保必须依法登记。依照《民法典》第 402 条、第 403 条的规定，房屋、土地等不动产的抵押，必须办理抵押登记，抵押权才能依法设立；车辆、设备等动产的抵押，自抵押合同订立时取得抵押权，但是不得对抗善意第三人。虽然动产抵押的登记是抵押权对抗要件，但笔者提醒信贷机构，为了将抵押担保的风险降到最低，无论动产还是不动产，凡抵押必登记。

3. 质押权的两种取得方式。依照《民法典》第 429 条、第 440 条的规定，质押权的有效设立分两种方式：一是以质押物或权利凭证交付质权人占有为质权生效条件。主要包括：动产，权利凭证（如汇票、本票、支票、债券、存款单、仓单、提单）及保证金。二是以办理质押登记作为质权生效条件。具体包括：基金份额，股权、股份，知识产权中的财产权（如注册商标专用权、专利权、著作权等）及应收账款。

4. 风险提示。提示信贷机构：保证担保的关键条款要约定明确；抵押担保无论动产还是不动产，凡抵押必登记；质押权的取得注意区分交付占有和质押登记两种方式，重点掌握必须登记才能设立质押权的几类特定权利。

（十）信贷人员与债务人恶意串通骗取担保人提供担保

金融机构信贷人员与债务人私下串通骗取担保人担保的，担保人可主张适用恶意串通无效的规则。根据 2023 年 1 月 10 日全国法院金融审判工作会议的精神可知，如果银行的工作人员与债务人恶意串通，向担保人转嫁风险，损害担保人利益，这是两个合同主体之间恶意串通损害他人利益的典型形态，应依据《民法典》第 154 条"行为人与相对人恶意串通，损害他人合法权益的民事法律行为无效"的规定认定担保合同无效。

债权人知道或者应当知道债务人骗取担保的，担保人可以主张撤销担保合同。《民法典》第 149 条规定："第三人实施欺诈行为，使一方在违背真实意思的情况下实施的民事法律行为，对方知道或者应当知道该欺诈行为的，受欺诈方有权请求人民法院或者仲裁机构予以撤销。"债务人提供了虚假的材料并隐瞒担保人骗取担保人担保，当金融机构对此知道或者应当知道的情况下仍与担保人订立担保合同的，担保人有权请求撤销担保合同。

三、实务操作与风险提示

防范金融风险重在防范信贷法律风险，信贷法律风险重在防范担保风险。九成银行败诉的民事案件集中在担保人脱保上，七成金融犯罪的案件是由担保人控告的。本文总结了十种担保人脱保的法定情形，实践中，多数信贷机构或多或少吃过亏或受过罚，甚至遭遇负面舆情。既然是法定情形，那么就是有法可依，有迹可循。有的免责情形出现在贷前调查阶段和贷中审查阶段，如担保人主体资格不适格，又如公司担保决议存在重大瑕疵等。客户经理贷前未发现，审查人员也未识别；有的免责情形发生在贷后阶段，如超过担保期间未主张担保责任。这种风险发生的原因既是法律知识的欠缺，更是责任心的缺乏。如何防范担保人脱保的风险，除了掌握本文分析的十种法定免责的事由外，更要能够把每一种免责风险嵌入贷款三查中的每一个信贷环节中，学会主动识别，积极防范。

第十一讲　借名贷款面临的三大风险及防范措施

借名贷款是指实际用款人因各种原因，无法以自己的名义从商业银行获得贷款，而借用他人名义向银行申请贷款，贷款资金由实际用款人使用的行为。实践中，借名贷款的现象比较普遍，要么是实际用款人与名义借款人串通向商业银行隐瞒借名贷款的事实，要么是商业银行工作人员与实际用款人、名义借款人串通以借名贷款的形式骗取贷款。借名贷款行为不仅面临监管上的处罚，还面临民事上合同无效的法律风险，更面临刑事上的追责。如何有效控制借名贷款的法律风险是信贷业务稳健发展必须重视的问题。

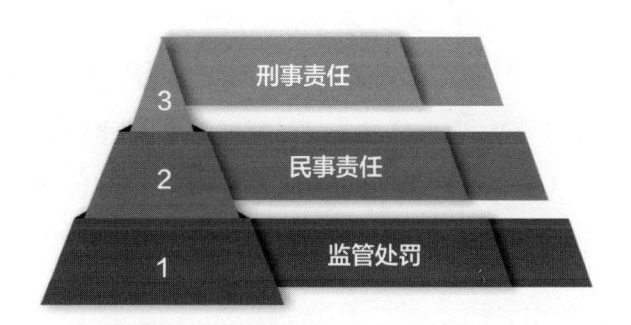

图示 11-1：借名贷款面临三大责任

一、借名贷款的法律特征

了解借款贷款的特征有助于识别由此引发的信贷风险。借名贷款在法律上有如下特征：

1. 名义借款人与实际用款人不一致。名义借款人通常是被实际用款人借用身份的人，对贷款资金的使用和还款等实际情况没有控制权或仅有有限控制权，实际用款人则是真正需要资金并实际支配和使用贷款的人。

2. 贷款用途不实。实际用款人往往为了达到获取贷款的目的，委托名义借款人在贷款申请时虚构贷款用途，使合同约定的贷款用途与实际资金流向不符，可能将贷款用于高风险投资、偿还债务或其他不符合银行贷款规定的用途。

3. 存在利益关系或隐瞒行为。实际用款人和名义借款人之间可能存在某种利益关系，如亲属、朋友关系，或实际用款人通过给予一定利益诱导他人借名。同时，双方一般会向银行隐瞒借名的真实情况，导致银行难以知晓贷款的真实用途和实际风险状况。

4. 还款主体实质为实际用款人。虽然从贷款合同表面看，名义借款人是还款责任人，但实际操作中，往往由实际用款人负责还款。若实际用款人出现资金问题，无法按时还款，就会导致贷款逾期，而名义借款人可能因未实际使用资金而缺乏还款意愿或能力，增加银行的信贷风险。

5. 借名贷款不同于冒名贷款。冒名贷款与借名贷款都是违规贷款行为，但在定义和具体表现上存在差异。冒名贷款是指银行内部人员或外部人员，未经本人同意，使用他人真实身份信息，假冒他人名义向银行申请贷款，获取贷款资金的行为。被冒名者对贷款事宜完全不知情，也未参与贷款过程。

6. 有从个人借款扩大为小微贷款的趋势。近几年为了让小微企业渡过难关，政策鼓励投放小微贷款，出现大量的经营贷挪用消费贷现象。客户套出资金去做大额消费。小微企业的借名主要表现在供应链关系上，一些实力比较强大的企业可能会让自己控制的很多供应商去银行贷款，由其来实际使用。除了小微企业出现借名贷款现象外，集团公司内部以及家族信托背景下的私营企业也纷纷出现借名贷款的情况。从合规上讲，需对贷款三查流程上加强有效控制；从合法性角度看，需做好应对出现集群性违约后的法律诉讼一揽子方案的准备。

二、借名贷款在监管上的风险

《个人贷款管理办法》第45条规定："贷款人违反本办法规定办理个人贷款业务的，国家金融监督管理总局及其派出机构应当责令其限期改正。贷款人有下列情形之一的，国家金融监督管理总局及其派出机构可根据《中华人民共和国银行业监督管理法》采取相关监管措施：（一）贷款调查、审查、贷后管理未尽职的；（二）未按规定建立、执行贷款面谈、借款合同面签制度的；（三）借款合同采用格式条款未公示的；（四）违反本办法第三十条规定的；（五）支付管理不符合本办法要求的。"第46条规定："贷款人有下列情形之一的，国家金融监督管理总局及其派出机构可根据《中华人民共和国银行业监督管理法》对其采取相关监管措施或进行处罚：（一）发放不符合条件的个人贷款的；（二）签订的借款合同不符合本办法规定的；（三）违反本办法第七条规定的；（四）将贷款调查的风险控制核心事项委托第三方完成的；（五）超越或变相超越贷款权限审批贷款的；（六）授意借款人虚构情节获得贷款的；（七）对借款人严重违约行为未采取有效措施的；（八）严重违反本办法规定的审慎经营规则的其他情形的。"商业银行工作人员故意办理借名贷款业务的，涉嫌违反《个人贷款管理办法》第45条第1项与第46条第1项、第2项、第5项、第6项及第8项的规定；商业银行不知实际用款人与名义借款人的借款贷款行为的，涉嫌违反《个人贷款管理办法》第46条第8项"审慎经营规则"这一兜底处罚事由。信贷人员严禁主动办理借名贷款业务，同时做到贷前尽职调查、贷中尽职审查和贷后尽职管理。信贷人员可按照《关于普惠信贷尽职免责工作的通知》（金规〔2024〕11号）的规定，主张尽职免责。

三、借名贷款在刑事上的风险

(一) 借名贷款涉嫌多项金融犯罪

实际用款人与名义借款人通过借名贷款的方式骗取贷款,给商业银行或者其他金融机构造成重大损失的,将涉嫌骗取贷款罪或贷款诈骗罪。商业银行信贷人员收受实际用款人好处故意办理借名贷款的,将涉嫌受贿罪(非国家工作人员受贿罪)、骗取贷款罪或贷款诈骗罪。商业银行信贷人员不知借款贷款行为的,主观上不存在故意,但客观上玩忽职守或者滥用职权未发现借名贷款行为造成银行重大损失的,将涉嫌违法发放贷款罪。有关上述罪名的犯罪构成、追诉标准在本书《金融犯罪对民事维权程序与信贷合同效力的负面影响》一文中详细论述,此处不作赘述。

(二) 防范工作人员违法犯罪

1. 加强教育培训:定期开展思想政治教育、职业道德教育,培养员工正确的价值观和职业操守。组织法治教育和警示教育活动,通过真实案例让员工了解违法犯罪的后果。

2. 健全内控制度:完善岗位设置和职责分工,建立相互监督、相互制约的工作机制,防止权力过于集中。加强对业务流程的风险防控,对关键环节和高风险业务进行重点监控,如信贷审批、资金交易等。

3. 强化监督检查:内部审计部门定期开展全面审计和专项审计,及时发现违规操作和潜在风险。建立健全举报机制,鼓励员工对违法违规行为进行举报,并对举报人进行保护。

4. 关注员工动态:关注员工的工作状态、生活状况和思想变化,对出现异常情况的员工及时进行谈话、疏导或采取相应措施。

(三)落实《金融机构涉刑案件管理办法》精神

1. 完善管理体系与制度：建立与自身资产规模、业务复杂程度和内控管理要求相适应的案件管理体系，制定全面、细致且可操作性强的案件管理制度，明确案件信息报送、处置流程、责任追究等具体规定。

2. 强化信息报送管理：严格按照规定的时限和要求，及时、准确地向属地派出机构和法人总部报告案件及案件风险事件，确保信息的真实性和完整性，涉及重大变化要及时报送续报。

3. 严格案件处置执行：成立专门的案件处置小组，对涉案业务深入调查，按规定报送调查报告。对案件责任人员进行客观、公正的责任认定，并依据制度严肃精准追责问责。同时，排查内部管理漏洞并及时弥补。

4. 加强监督与沟通：主动接受金融监管总局及其派出机构的监督管理，积极配合现场或非现场督导等工作。加强与公安、司法、监察等机关的沟通协调，建立良好的协作机制。

四、借名贷款在民事上的风险

借名贷款在民事法律上的风险集中体现在借款合同、担保合同的效力及还款责任等问题。借名贷款逾期后，实际用款人未能偿还，谁来承担还款责任？名义借款人或担保人能否以借名贷款为由抗辩不承担还款责任？

(一)借名贷款涉及三大主体、两种法律关系

一般情况下，是由名义借款人与银行等金融机构签订《借款合同》，名义借款人收到贷款后，再转至实际用款人账户。借名贷款涉及三个主体、两种法律关系。三个主体分别是贷款人、实际用款人和名义借款人；两种法律关系为：实际用款人与名义借款人之间系委托合同关系，名义借款人与贷款人之间系借贷关系。详见图示11-2。

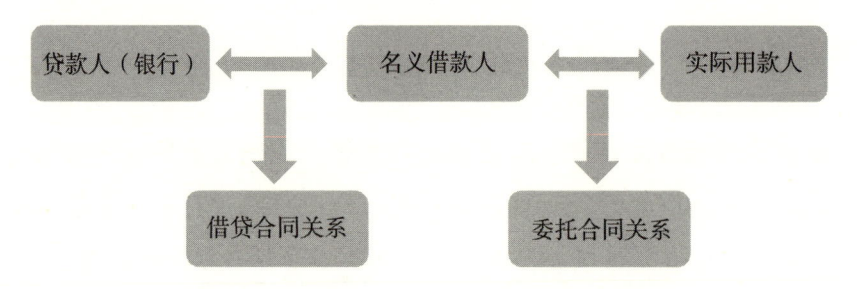

图示 11-2：借名贷款涉及三大主体、两种法律关系

（二）过去主流裁判观点

通常情况下，商业银行对于"借名贷款"分两种情形，一是知情，二是不知情。2023 年以前人民法院主流观点认为：

情形一：当贷款人对借名贷款知情。根据《民法典》第 146 条第 1 款规定，行为人与相对人以虚假的意思表示实施的民事法律行为无效。故在贷款人明知借名贷款事实的情况下，贷款人与名义借款人仍以虚假的意思表示达成借贷合意并签订借贷合同，该合同应认定为无效。借款合同无效后，由实际用款人承担还款责任，名义借款人因为存在一定的过错，需承担一定的补充赔偿责任。借款合同无效，担保合同作为从合同也应认定无效。担保人对于借款合同无效有过错的，承担不超过借款人不能承担部分 1/3 的赔偿责任；担保人无过错的，不承担赔偿责任。该裁判观点对于贷款人极为不利。

【典型案例一】

案例索引：浙江金华 C 农村商业银行股份有限公司、倪某环金融借款合同纠纷再审审查与审判监督民事案[①]

裁判观点：银行与实际用款人达成借款合意，并与名义借款人通谋

[①] 浙江高级人民法院（2017）浙民申 3742 号，载中国裁判文书网，https：//wenshu.court.gov.cn/website/wenshu/181107ANFZ0BXSK4/index.html？docId＝rnZKb0y5gfxXgIVxDr+c+6M78BRd3rAzoFi00dYkw6fLNbcJez1Mj/UKq3u+IEo4xrhYIUL6n/GD6LQ7ng5tkAliU8nguV0GmR0PFBl6r19WkIv7yMD633Uqjz26QZsD，最后访问时间：2025 年 3 月 22 日。

虚假表示签订借款合同，应认定借款合同无效。实际用款人承担还款责任，名义借款人承担30%的补充赔偿责任。

情形二：当贷款人对于借名贷款不知情。当贷款人尽到了金融机构合理的审查义务，并依约向名义借款人发放了贷款，且名义借款人或担保人无证据证明贷款人对借名贷款的事实系明知的，借名贷款合同一般应认定有效。法律后果是：名义借款人应依照合同约定承担还款责任。名义借款人承担法律责任后，可另案向实际用款人追偿。担保人应承担合同约定的担保责任。

【典型案例二】

案例检索：石某、陆某燚金融借款合同纠纷再审审查与审判监督民事案[①]

裁判观点：保证人不能证明借款合同存在无效情形的，名义借款人以自己的名义获得贷款后，自己使用还是授权转让给他人使用，并不影响合同的权利义务关系，不能作为其拒绝清偿贷款的理由。

(三) 金融审判会议下的最新裁判思路

1. 全国法院金融审判会议关于借名贷款的最新裁判思路

2023年1月10日，最高人民法院召开了全国法院金融审判工作会议（以下简称《金融会议》）。随后，最高人民法院刘贵祥大法官，详细解读了此次金融审判会议的精神[②]：名义借款人与实际用款人之间存在委托借款的合意，应当根据商业银行在订立合同时是否知道实际用款人的存在分别适用《民法典》第925条、第926条规定的间接代理制度。一是，

[①] 贵州高级人民法院（2019）黔民申1763号，载中国裁判文书网，https：//wenshu.court.gov.cn/website/wenshu/181107ANFZ0BXSK4/index.html? docId=/cBhFbWCg4vRmo4eVxnEU+WwaByujsZm1fjXSNMWtm4USIVwKbyyKPUKq3u+IEo4xrhYIUL6n/GD6LQ7ng5tkAliU8nguV0GmR0PFBl6r19WkIv7yMD63xCsfSF2odrz，最后访问时间：2025年3月22日。

[②] 刘贵祥：《关于金融民商事审判工作中的理念、机制和法律适用问题》，载《法律适用》2023年第1期。

商业银行在签订借款合同时知道实际用款人和名义借款人之间的代理关系的，该借款合同直接约束商业银行和实际用款人，名义借款人不承担还本付息的合同责任，实践中简单适用《民法典》第146条规定的做法，将名义借款人签订的合同认定为虚伪表示、将实际用款人签订的合同认定为隐匿行为，并判令名义借款人承担缔约过失责任，既不符合法理，社会效果也差。二是，商业银行在订立合同时不知道委托借款关系的，名义借款人在诉讼中以应当由实际用款人承担责任作为抗辩事由的，人民法院应当追加实际用款人参加诉讼，并向商业银行释明其有权选择相对人，商业银行选定实际用款人作为合同相对人的，人民法院不得判令名义借款人承担还款责任；商业银行选定名义借款人作为合同相对人的，人民法院应当释明名义借款人在本案中向实际用款人提出权利主张，在判令名义借款人承担责任的同时，判令实际用款人向名义借款人承担责任，实现纠纷的一次性解决。

2. 最新裁判思路下合同效力与责任主体的认定

（1）适用依据发生变化。金融会议关于借名贷款的裁判思路改变了过去的裁判观点。过去裁判观点适用的是《民法典》第146条。该条规定："行为人与相对人以虚假的意思表示实施的民事法律行为无效。以虚假的意思表示隐藏的民事法律行为的效力，依照有关法律规定处理。"新的裁判思路适用《民法典》第925条、第926条。《民法典》第925条："受托人以自己的名义，在委托人的授权范围内与第三人订立的合同，第三人在订立合同时知道受托人与委托人之间的代理关系的，该合同直接约束委托人和第三人；但是，有确切证据证明该合同只约束受托人和第三人的除外。"第926条第2款："受托人因委托人的原因对第三人不履行义务，受托人应当向第三人披露委托人，第三人因此可以选择受托人或者委托人作为相对人主张其权利，但是第三人不得变更选定的相对人。"同样的事实因为法律依据发生变化，所以法律后果也不同。

（2）当贷款人知情借名贷款时的法律后果。新的裁判思路认定借款合同有效，但只是约束贷款人和实际用款人，故实际用款人承担还款责任，名义借款人无责。此时，担保合同的效力是否受到借名贷款的影响？金融会议未涉及。我们认为，尽管会议精神新的裁判思路认为贷款人对借名贷款知情时，借款合同有效，约束贷款人与实际用款人。但是，如果银行的工作人员在担保人不知情的情况下与实际用款人恶意串通，通过借名贷款的形式向担保人转嫁风险，损害担保人利益，这是两个合同主体之间恶意串通损害他人利益的典型形态，应依据《民法典》第154条"行为人与相对人恶意串通，损害他人合法权益的民事法律行为无效"的规定认定担保合同无效。因担保人对担保合同无效没有过错，依照《民法典担保解释》第17条的规定，无需承担任何责任。另外，担保人还有一种可选择的救济途径。当贷款人明知借名贷款的事实却对担保人实施隐瞒，欺骗其继续提供担保，其行为构成欺诈，担保人有权依照《民法典》第149条"第三人实施欺诈行为，使一方在违背真实意思的情况下实施的民事法律行为，对方知道或者应当知道该欺诈行为的，受欺诈方有权请求人民法院或者仲裁机构予以撤销"的规定，请求撤销担保合同。

（3）当贷款人不知情借名贷款时的法律后果。新的裁判思路认定贷款人有权从实际用款人和名义借款人中间选择一个作为还款主体，被选中的责任主体与贷款人之间的借款合同有效。此时担保合同效力如何，金融会议亦未涉及。我们认为，在贷款人不知情借名贷款的情形下，担保合同有效，担保人不免责。首先，金融会议确定了贷款人不知情借名贷款时适用《民法典》第926条的规定有权选择名义借款人和实际用款人中任何一个作为责任主体。如果贷款人选中名义借款人作为责任主体，虽然名义借款人喊冤，但仍需先向贷款人承担还款责任，而后再向实际用款人追偿来弥补自身的损失。举重以明轻，在贷款人善意的情况下，担保人应当依照担保合同承担担保责任，而后再向债务人追偿。其次，在贷款人善意无过错时，即使债务人存在欺诈骗取贷款的行为（甚至涉刑），因贷款人订立合同时不知情借名贷款事实或不存在与债务人恶意串通情形，故不影响担保合同的效力，贷款人有权向担保人主张担保责任。最后，合同无效与担保人免责要么遵循约定要么依照法定。当贷款人不知情借款贷款，借款合同作为贷款人出具的格式合同不可能约束对自身不利的情形，也未发现对此规定无效的法律依据。故应认定担保合同有效，担保人应承担约定的担保责任。

3. 担保人订立担保合同时知情借名贷款不免责

当担保人与贷款人订立担保合同时知情所担保的债务人为实际用款人的，不存在贷款人与债务人恶意串通损害担保人合法权益致使合同无效的情形，亦不存在贷款人明知债务人欺诈担保人导致合同撤销的情形，故担保合同有效，担保人不免责。另外，当贷款人与担保人均知道实际用款人与名义借款人之间系委托借款关系，依照《民法典》第925条的规定，该借款合同约束的是贷款人与实际用款人。因此，担保合同所担保的债务人也应为实际用款人。故担保合同有效，担保人应对实际用款人的贷款承担合同约定的担保责任。

4. 实际用款人提供抵押担保或质押担保时不免责

实践中借名贷款中经常出现实际用款人不符合贷款条件，但符合担保条件，商业银行为了约束实际用款人便与其订立担保合同。该担保合同的效力如何认定？当实际用款人提供的是连带保证担保，因金融会议精神明确贷款人知情借名贷款的，实际用款人承担还款责任。法律上不允许借款人为自身提供保证担保，故无必要讨论连带保证合同的效力问题。当实际用款人提供的是抵押担保或质押担保时，在穿透间接委托关系后，实质是债务人为自身债务提供了物权担保，该物权担保应为有效担保，贷款人享有担保物权。

【典型案例三】

案例检索：王某芳、江苏某农村商业银行股份有限公司泰州海陵支行等金融借款合同纠纷案①

裁判观点：关于王某芳认为存在名义借款人、实际用款人问题，周某亦认可实际使用该笔借款的事实并愿意尽力偿还，可以认定诉争借款存在上述情况。因现有证据尚不足以证明某农商行海陵支行对黄某昕、王某芳与周某之间的上述情况明知，虽在本案中有所披露，但某农商行海陵支行作为出借人依法亦有权选择名义借款人或实际用款人作为相对人，经释明后，某农商行海陵支行明确选择黄某昕、王某芳作为合同相对人承担责任。经向王某芳释明，其明确要求在本案中向实际用款人（第三人周某）提出权利主张。

案例分析：黄某昕、王某芳抗辩自己为名义借款人，实际用款人为周某。虽周某对此亦认可，但法院仍要求黄某昕、王某芳与周某提供证据证明贷款人银行对此知情。三人因未提交充分证据，故法院驳回名义借款人黄某昕、王某芳免责的请求。虽庭审中三人披露委托借款的事实，但因贷款人银行订立借款合同时不知情借名贷款的事实，故允许贷款人银行在名义借款人黄某昕、王某芳和实际用款人选择责任主体。本判决符合金融会议的精神和《民法典》第925条、第926条的规定。

五、实务总结与风险防范

1. 从根源上杜绝借名贷款的发生。信贷人员需敬畏异常行为带来的法律责任，增强法律意识，从主观上抵制借名贷款行为；金融机构内部审查、审批及审计部门需对借名贷款重点监督，从根源防止风险发生。

---

① 泰州市中级人民法院（2024）苏12民终3885号，载中国裁判文书网，https：//wenshu.court.gov.cn/website/wenshu/181107ANFZ0BXSK4/index.html?docId=SrX4v8pf2ZX6AfmCBDmCauigsYl52L0bwrjiBx0mFDIXULIzYgNdxPUKq3u+IEo4xrhYIUL6n/GD6LQ7ng5tkAliU8nguV0GmR0PFBl6r19fbREj2XkE8Vh10EuuYzxG，最后访问时间：2025年3月22日。

关于小微企业借名贷款现象，从合规风险讲，对经营贷贷后资金要建立专门的非现场监管的模型，对于法律风险来讲，需从业务源头防范借贷贷款的发生。

2. 信贷人员贷前调查和合同面签过程谨言慎行。客户经理在贷前调查阶段和合同面签阶段面对客户，严格遵守调查制度和面签制度，违规的话或与信贷业务无关的话不讲，谨言慎行，防止名义借款人或担保人录音录像。

3. 重视庭审技巧。民事判决对借名贷款事实的认定往往引发监管处罚和刑事追责。庭审中名义借款人或担保人会向法院提出借名贷款的抗辩，目的是免去自身的责任。审理法院应当将"实际用款人"追加为本案第三人或被告，重点调查贷款人对借名贷款的事实是否知情。首先会询问贷款人的诉讼代理人在订立借款合同时是否知情借名贷款的事实。这里注意一个时间节点"合同订立时"。诉讼代理人无论是涉案贷款的客户经理还是其他人员，必须知道如何应对。如果表示知情，则面临名义借款人和担保人免责的不利后果。当诉讼代理人坚决否认知情的，审理法院应遵循谁主张谁举证的原则，应将举证责任分配给名义借款人或担保人。通常这类证据表现为录音录像等证据形式。所以这里提醒信贷人员谨言慎行。

第十二讲　新规背景下合同面签规则及实务操作

商业银行等金融机构使用的借款合同、担保合同等信贷合同是典型的格式合同。在订立信贷合同时需要注意哪些技巧？"三个办法"规定哪些情况必须面签？面签时如何操作"双录"要求？面签时如何履行提示义务和说明义务？如何适用新司法解释对合同签字、签章的效力判断标准？围绕上述与合同面签有关的法律风险问题，本文结合最新的司法解释及监管新规，提出实务操作建议，指导金融机构制定可操作性强的规范制度，防止发生合同面签相关法律风险。

一、信贷合同面签技巧

（一）面签前准备

1. 熟悉合同内容：面签人员要全面掌握信贷合同各项条款，包括贷款金额、利率、期限、还款方式、违约责任等，以便准确解答客户疑问。

2. 准备面签材料：提前整理好合同文本、客户身份资料、申请资料、授权书等相关文件，确保齐全、准确，并按顺序排列，方便面签时使用。重点提示，面签所需信贷合同无外乎借款合同（个贷、流贷及固贷）、担保合同（保证、抵押、质押）等，必须按照内部合同管理制度的要求向合同管理部门领取，严禁信贷人员私自打印、制定、修改信贷合同。

3. 布置面签环境：选择安静、整洁、光线明亮的面签场所，配备舒适的座椅、必要的文具等，为面签营造专业、正式的氛围。

（二）面签过程把控

1. 身份核实：严格核对客户及相关人员的身份证件原件，通过身份证读卡器、联网核查等方式，确保身份信息真实、一致，防止冒名顶替。同时，核实授权委托书的真实性和有效性，确认代理人权限。

2. 沟通引导：以专业、友好的态度与客户沟通，缓解客户紧张情绪。客户未提出要求解释合同条款的，无需履行解释义务。客户提出解释要求的，使用通俗易懂的语言解释合同条款，对于关键条款要重点强调，如利率调整方式、逾期还款后果等，确保客户理解并接受。具体解释说明义务的履行方式详见下文。

3. 签字盖章指导：清晰告知客户签字、盖章的位置和要求，必要时可进行示范。对于多页合同，提醒客户在每页签字或加盖骑缝章，确保合同完整性和真实性。如客户对签字盖章有疑问，要耐心解答。

4. 过程记录：采用录音、录像等方式对面签过程进行记录，留存证据，以备后续查阅和纠纷处理。记录要清晰、完整，涵盖面签时间、地点、参与人员、合同主要内容、签字盖章等关键环节。

（三）面签后确认

1. 材料复核：面签结束后，再次核对合同及相关材料，检查签字盖章是否齐全、准确，资料有无遗漏或错误，如有问题及时处理。确认无误后，再让客户离场。

2. 材料归档：将面签材料按规定流程和要求整理归档，建立索引和目录，便于查询和管理。同时，将合同信息录入银行系统，确保与纸质材料一致。

3. 客户反馈：及时向客户反馈面签结果，告知后续流程和注意事项，如贷款发放时间、还款提醒等，提高客户满意度。

二、"三办法"关于"面签"与"面谈"制度的新要求

（一）面签制度

1. 个人贷款新规要求。《个人贷款管理办法》第26条规定："贷款人应与借款人签订书面借款合同，需担保的应同时签订担保合同或条款。贷款人应要求借款人当面签订借款合同及其他相关文件。对于金额不超过二十万元人民币的贷款，可通过电子银行渠道签订有关合同和文件（不含用于个人住房用途的贷款）。当面签约的，贷款人应当对签约过程进行录音录像并妥善保存相关影像。"个贷新规明确了20万元以上的贷款必须落实面签制度，对于20万元以下的贷款可以通过电子银行渠道签订电子信贷合同，无需面签。实践中，笔者调研过的过半数的银行手机银行业务授信额度都超过20万元。在新规实施之前（2024年7月1日以前），这些银行对于手机银行业务超过20万元的，都是通过手机平台签订电子信贷合同，未进行面签。新规实施后，此情况如何操作？我们建议商业银行应及时沟通地方金融监管机构，以监管机构的解读为准。

2. "面签制度"具体操作。根据上述新规要求，个人贷款在落实面签制度时具体操作如下：

①专区管理：银行需设立专门的"双录"区域，配备必要的录音录像设备。个别商业银行在落实"双录"时只拍照留存，不符合新规"录音录像"的要求。"双录"更能客观地记录面签全过程，规范面签流程，既是保障客户的相关的权利，也是保护贷款人自身的合法权益。

②信息安全：银行需确保录音录像资料的安全，防止信息泄露。

③员工培训：银行员工需接受双录操作的培训，确保熟练掌握相关技能。

④流程监控：银行需对双录流程进行监控，确保流程的规范执行。

⑤资料管理：建立完善的录音录像资料管理制度，确保资料的长期保存和合规使用。

(二) 面谈制度

1. 个人贷款新规要求。《个人贷款管理办法》第 18 条规定："贷款人应建立并执行贷款面谈制度。贷款人可根据业务需要通过视频形式与借款人面谈（不含用于个人住房用途的贷款）。视频面谈应当在贷款人自有平台上进行，记录并保存影像。贷款人应当采取有效措施确定并核实借款人真实身份及所涉及信息真实性。"

2. "面谈制度"具体操作。新规关于面谈制度的规定在具体适用时操作如下：

①适用范围：明确除个人住房用途的贷款外，其他个人贷款允许贷款人根据业务需要通过视频形式与借款人面谈。

②平台要求：视频面谈应当在贷款人自有平台上进行，以保证面谈环境的可控性和安全性，确保面谈过程符合监管要求和银行内部规定。

③记录保存：需要对视频面谈过程进行记录并保存影像，以便后续查阅和追溯，为可能出现的纠纷或问题提供证据。

④身份及信息核实：贷款人应当采取有效措施确定并核实借款人真实身份及所涉及信息真实性，如通过身份证读卡器、联网核查、人脸识别等技术手段，核实借款人的身份信息，确保借款人是本人进行视频面谈，防止他人冒用身份申请贷款。

(三) 流动资金贷款与固定资产贷款"面谈""面签"制度

《流动资金贷款管理办法》和《固定资产贷款管理办法》虽没有像《个人贷款管理办法》那样对合同"面谈""面签"制度作出强制要求，但实际操作中仍有一些普遍要求和原则：

1. 主体资格审核：严格审查借款主体资格，要求借款人提供营业执照、组织机构代码证等相关证件，核实其是否具备合法的经营资格和借款能力，确保借款人为法人或非法人组织，并符合贷款办法中规定的贷款对象要求。

2. 授权文件查验：若借款人是法人或非法人组织，需确认签字人是否有合法有效的授权。如查验法定代表人身份证明、授权委托书等文件，确保签字人有权代表借款人签订合同，授权范围、期限等符合规定。

3. 合同条款协商与确认：与借款人就合同主要条款，如贷款金额、用途、利率、期限、还款方式、担保方式等进行充分协商，确保双方理解一致且无歧义。对于涉及借款人重大权益的条款，要重点提示和说明，让借款人明确权利义务。

4. 签字盖章规范：指导借款人在合同上准确签字、盖章。签字人应是法定代表人或经合法授权的代理人，盖章要清晰、完整，与借款人名称一致，多页合同需加盖骑缝章，确保合同的完整性和真实性。

5. 面签真实性保障：尽量安排面签，确保借款人或其授权代表亲自到场签订合同，避免代签等情况。面签过程中，工作人员要核实签字人身份，确保与提供的证件和授权文件相符。

三、新规背景下信贷合同提示与说明义务的履行标准

格式条款是当事人为了重复使用预先拟定并在订立合同时未与对方协商的条款。《民法典》及相关司法解释要求出具格式合同的一方必须对格式合同中的异常条款履行提示与说明义务，未履行的，异常条款无效。实践中遇到的问题主要存在如下几方面：一是不清楚格式条款无效的情形；二是不了解格式条款之间发生冲突后的解释原则；三是认定履行提示与说明义务的标准是模糊的，金融机构需要掌握法律上的正确标准；四是金融机构对该义务没有引起足够的重视，未形成具体的操作制度。

（一）格式条款主要特征

1. 预先拟定性。格式合同是由一方在订立合同之前就已经拟定好的，像商业银行的借款合同、担保合同在与客户订立前早已拟定好。

2. 重复使用性。格式合同的拟定是为了在大量的、重复性的交易中使用。商业银行的存储业务和信贷业务每天都在发生，为了交易的安全与效率，同类型的业务都是重复使用对应的格式合同。

3. 不可协商性。在订立格式合同时，相对方一般只能选择全部接受或者全部拒绝合同内容，很难就合同的具体条款与提供格式合同的一方进行协商。以保证合同为例，商业银行会在保证合同中约定保证方式为连带保证责任。若保证人想要变更保证方式为一般保证，商业银行肯定会拒绝。保证人只能选择要么接受要么拒绝提供担保。

4. 格式合同的要约具有广泛性。它是向社会公众发出的，只要符合一定的条件，就可以成为合同的当事人。如按揭贷款合同，只要客户购买的房屋符合商业银行的贷款政策，就可以选择按揭贷款模式购房。

（二）防止格式条款无效

《民法典》第497条规定："有下列情形之一的，该格式条款无效：（一）具有本法第一编第六章第三节和本法第五百零六条规定的无效情形；（二）提供格式条款一方不合理地免除或者减轻其责任、加重对方责任、限制对方主要权利；（三）提供格式条款一方排除对方主要权利。"第506条规定："合同中的下列免责条款无效：（一）造成对方人身损害的；（二）因故意或者重大过失造成对方财产损失的。"商业银行制定的信贷合同有没有存在上述法律规定的格式条款无效情形？以笔者亲自审理过的此类情形下格式条款无效的金融借款合同纠纷为例，如保证合同约定"债权人与债务人协商变更主合同除了借款金额、利率外，其他无需经过保证人同意"。如果债权人与债务人协商变更借款用途、借款期限等主合同主要内容，未经过保证人同意，则加重了保证人的责任、限制了保证人主要权利，该格式条款无效，关于借款用途或借款期限的变更对保证人不发生法律效力。又比如抵押合同约定"若主合同借款用途为借新还旧，即使抵押权人未征得抵押人同意，视为抵押人无异议"。如果抵押人是新贷款中新增加的抵押人，依照《民法典担保解释》第16条的规定，抵押权人必须征得抵押人同意。这样的约定违反了法律强制性规定，为无效约定。

需要提醒金融机构，法律对格式条款具有一定约束性，信贷合同制定得再完美，也不能触碰法定无效情形。我们在调研时发现一个现象，有些信贷合同个别条款存在违反格式条款无效的法定情形，这种涉嫌无效的条款会给信贷业务的经办人员造成错误的指引，这些人会认为既然合同条款明确约定了排除对方的权利，那我就不必再履行法律规定的义务。我们认为，这种做法不明智。我们建议，金融机构要么从合同中找出并删除无效的格式条款，依法合理约定双方权利义务；要么保留这些争议条款，但必须告知信贷人员这些条款存在的风险，明确信贷操作规范，仍需要求经办人员履行相关的法定义务。

(三) 明确约定权利义务防止发生冲突条款

《民法典》第498条规定："对格式条款的理解发生争议的，应当按照通常理解予以解释。对格式条款有两种以上解释的，应当作出不利于提供格式条款一方的解释。格式条款和非格式条款不一致的，应当采用非格式条款。"因金融机构在未征得客户意见的情况下出具的格式合同，所以其有义务明确约定每一条格式条款，既不能违反法律规定的无效情形，条款之间也不能出现分歧或冲突。否则，应当作出不利于提供格式条款一方的解释。我们曾代理过一起格式条款之间发生冲突的金融借款合同纠纷，具体案情如下：

【典型案例】

案例来源：HD 银行鸡泽支行、牛某恩金融借款合同纠纷案①

基本案情：2016 年 2 月 23 日，李某某、牛某恩等向 HD 银行出具《担保承诺书》：自愿为 K 棉纺公司向 HD 银行申请 500 万元贷款提供连带责任保证。担保种类：流动资金，金额：500 万元，期限：12 个月。

2016 年 4 月 13 日，保证人李某某、牛某恩、牛某川、牛某云、M 纺织公司与 HD 银行各自签订《保证合同》一份，均约定："担保人为 K 棉纺公司上述向 HD 银行的 500 万元借款提供连带责任保证。保证期间为自主合同确定的借款到期之次日起两年。"贷款逾期后，K 棉纺公司未偿还借款，HD 银行将借款人和保证人诉至法院。保证人辩称，《担保承诺书》、《核保书》与《保证合同》约定的保证期间不一致，应该以不利于贷款人的约定为准，即保证期间为 12 个月，贷款人已超过保证期间，保证人免责。

裁判观点：一审法院裁判意见：在 HD 银行与 K 棉纺公司签订借款合同前，保证人李某某等在该行信贷担保核保书中承诺担保期限为 12 个月。而 HD 银行在与上述保证人签订采用格式条款形式的保证合同时，保证期间为借款到期日之次日起两年。根据合同法和合同法解释一中关于采用格式条款订立合同的规定，保证期限应以保证人承诺的保证期限 12 个月来确定，现 HD 银行无有效证据证明其在保证期间内向各保证人主张权利，本案保证期间已过，各保证人免除保证责任。

二审法院裁判意见：本案《担保承诺书》中显示"担保种类：流动资金金额 500 万元期限 12 个月"，从通常人的理解看上述承诺书中的期限 12 个月应为借款人 K 棉纺公司的借款期限而并非各保证人的保证期间，且该期限与本案《流动资金借款合同》及《保证合同》约定的主合

---

① 邯郸市中级人民法院（2019）冀 04 民终 2490 号，载中国裁判文书网，https：//wenshu.court.gov.cn/website/wenshu/181107ANFZ0BXSK4/index.html?docId=AOerA/kqNAM0RUGVVF10VcF4nqdB/AdqQ48xDEIosBvQPTHnTQfjS/UKq3u+IEo4xrhYIUL6n/GD6LQ7ng5tkAliU8nguV0GmR0PFBl6r198VZqUT3BSO8MBMWHuoD/B，最后访问时间：2025 年 3 月 22 日。

同借款人履行期限为 12 个月相一致；即使按各保证人辩称承诺书及核保书中的期限 12 个月为保证期间，因该承诺书为贷款前的审查材料，签署时间又在签订正式的保证合同签署时间之前，而《保证合同》第 6.1 条明确约定"本合同项下的保证期间为：自主合同确定的借款到期之次日起两年"，故本案保证期间亦应以《保证合同》中约定的两年为准。

案例分析： 因为涉案银行合同管理不规范，导致贷前阶段的担保承诺书与面签阶段的保证合同关于保证期间的约定存在冲突。担保承诺书中"期限：12 个月"到底是指借款期限还是担保期间？一审法院认为，约定不明确，应作出不利于银行的解释，故认定为担保期间。银行起诉超过担保期间，故判令保证人免责。二审法院从通常理解的角度分析了担保承诺书与保证合同订立的背景、时间和内容，认为"期限：12 个月"是主债务的借款期限，担保期间应依照保证合同约定为准，即两年。银行起诉未超期，故改判保证人承担连带保证责任。我们作为本案行方的代理人，肯定是认可二审改判的意见，但不得不承认委托人银行内部存在合同管理不规范问题。我们及时向行方提出规范合同管理的法律建议，由专门部门制定、修改、保管信贷合同，全面梳理所有信贷合同文本，明确约定权利义务防止发生冲突条款。

（四）提示义务与说明义务的实务操作

1. 提示义务与说明义务的概念

《民法典》第 496 条第 2 款规定："采用格式条款订立合同的，提供格式条款的一方应当遵循公平原则确定当事人之间的权利和义务，并采取合理的方式提示对方注意免除或者减轻其责任等与对方有重大利害关系的条款，按照对方的要求，对该条款予以说明。提供格式条款的一方未履行提示或者说明义务，致使对方没有注意或者理解与其有重大利害关系的条款的，对方可以主张该条款不成为合同的内容。"依照上述规定，金融机构作为格式条款的制定方必须就与对方有重大利害关系的条款向对方履行提示义务和说明义务，未履行义务的，该格式条款无效。

2. 提示义务与说明义务的实务操作

人民法院认定金融机构是否履行提示义务和说明义务的标准是什么？每一格式条款都需要履行提示义务和说明义务吗？金融机构针对提示义务和说明义务到底该如何操作？这些围绕格式条款的法律问题是金融机构普遍关心的问题。但《民法典》未对上述问题作出具体规定。《民法典》实施两年后，《最高人民法院关于适用〈中华人民共和国民法典〉合同编通则若干问题的解释》（以下简称《民法典合同编通则解释》）对此作了明确规定。

（1）履行提示义务的认定标准和实务操作

《民法典合同编通则解释》第10条第1款规定："提供格式条款的一方在合同订立时采用通常足以引起对方注意的文字、符号、字体等明显标识，提示对方注意免除或者减轻其责任、排除或者限制对方权利等与对方有重大利害关系的异常条款的，人民法院可以认定其已经履行民法典第四百九十六条第二款规定的提示义务。"正确适用该条解释需要弄明白两个问题：一是信贷合同中"异常条款"是什么，都有哪些？二是如何设计"异常条款"的标识才能满足"通常足以引起对方注意"的程度？信贷合同中免除或者减轻对方责任、排除或者限制对方权利等与对方有重大利害关系的格式条款统称为"异常条款"。一般情况下，信贷合同中关于对方"声明与承诺""责任与义务"等内容属于"异常条款"。金融机构只需要对异常条款采用"黑体字""加粗""加大""下画线""括号""斜体"等任何一种形式均可视为做出了明显标识，能够起到通常足以引起对方注意的作用。该义务的履行具体到金融机构内部机构的职责分工，应由合同的制定、修改或管理部门负责。

（2）履行说明义务的认定标准和实务操作

《民法典合同编通则解释》第10条第2款规定："提供格式条款的一方按照对方的要求，就与对方有重大利害关系的异常条款的概念、内容及其法律后果以书面或者口头形式向对方作出通常能够理解的解释说明的，人民法院可以认定其已经履行民法典第四百九十六条第二款规定的说明义务。"正确理解该条解释需把握三点：一是金融机构在何种情形下必须履行说明义务？二是履行说明义务时通过何种方式？三是履行说明义务时必须说明的内容有哪些？金融机构作为提供格式条款的一方只有在"对方要求"时才必须履行说明义务。反过来讲意思是说，如果对方未就异常条款提出解释说明的要求，金融机构不必履行说明义务。金融机构信贷人员可以通过口头或书面的形式解释说明。采用口头形式的，注意录音录像并留存档案。必须解释说明的内容主要是异常条款的概念、内容及其法律后果。

因对方提出解释说明义务的要求一般是在合同订立阶段，所以履行职责的重任自然落在了负责面签的客户经理身上。这就要求客户经理对信贷合同条款非常熟悉，且具有必要的法律知识。我们在调研时发现，绝大多数的客户经理虽然经常使用信贷合同，但并不熟悉合同中的异常条款，更何况相关的法律常识。例如某保证人询问什么是保证期间？什么是连带保证责任？某抵押人询问什么是最高债权额？什么是债权确定期间？遇到这种情况怎么办？不能不回答，但又不确信能否正确回复。我们认为，虽然解释说明义务很棘手，但可以应对：一是提出要求的是少数。债务人一般不会提出解释说明的要求，大多会积极配合各项手续，恨不得立即拿到贷款。只有少数担保人可能会提出解释说明要求。二是可以通过询问、检索的方式找出正确答案。法律并未限制提供格式条款一方通过当场或事后查询的方式解释说明。所以面对个别提出解释说明要求的担保人，可以大大方方地提问。建议将担保人的问题以书面方式答复，并要求其在上面签字声明已理解。

3. 电子信贷合同的提示与说明义务

《民法典合同编通则解释》第 10 条第 3 款规定："……对于通过互联网等信息网络订立的电子合同，提供格式条款的一方仅以采取了设置勾选、弹窗等方式为由主张其已经履行提示义务或者说明义务的,人民法院不予支持,但是其举证符合前两款规定的除外。"《个人贷款管理办法》第 26 条规定,对于金额不超过 20 万元人民币的贷款,可通过电子银行渠道进行签订有关合同。最新的监管规定准许商业银行通过电子银行渠道开展线上信贷业务,签订电子版信贷合同。电子合同提示义务与说明义务的认定标准、实务操作及举证责任同纸质信贷合同并无二致。

四、合同面签正确适用"看人不看章"原则

关于对公类信贷业务的合同生效问题,金融机构在合同面签时要求不明确,信贷人员在操作时标准模糊,存在很大风险。客户在合同上签章,合同即生效?还是客户有权经办人在合同上签字,合同即生效?抑或是签章和签字同时满足,合同才生效?以往多数信贷人员认为客户签章比有权经办人签字重要,只要有印章合同就有效。《民法典合同编通则解释》关于企业类合同订立与效力的关系问题作出了颠覆性的规定。

(一)判断合同效力的新原则"看人不看章"

《会议纪要》(法〔2019〕254 号)第 41 条关于盖章行为的法律效力确立了"看人不看章"的审判思路,在"人章矛盾"引发的合同效力纠纷中,要认定合同的效力,只审查签字人员的代表权限或者代理权限,而不用审查公章的真实性问题。《民法典合同编通则解释》第 22 条规定:"法定代表人、负责人或者工作人员以法人、非法人组织的名义订立合同且未超越权限,法人、非法人组织仅以合同加盖的印章不是备案印章或者系伪造的印章为由主张该合同对其不发生效力的,人民法院不予支持。合同系以法人、非法人组织的名义订立,但是仅有法定代表人、负责人或者工作人员签名或者按指印而未加盖法人、非法人组织的印章,相对人能够证明法定代表人、负责人或者工作人员在订立合同时未超越权限

的，人民法院应当认定合同对法人、非法人组织发生效力。但是，当事人约定以加盖印章作为合同成立条件的除外。合同仅加盖法人、非法人组织的印章而无人员签名或者按指印，相对人能够证明合同系法定代表人、负责人或者工作人员在其权限范围内订立的，人民法院应当认定该合同对法人、非法人组织发生效力。在前三款规定的情形下，法定代表人、负责人或者工作人员在订立合同时虽然超越代表或者代理权限，但是依据民法典第五百零四条的规定构成表见代表，或者依据民法典第一百七十二条的规定构成表见代理的，人民法院应当认定合同对法人、非法人组织发生效力。"该条司法解释将会议纪要精神提升到了司法解释的高度，从法律上明确了判断合同效力的标准"看人不看章"。

（二）"看人不看章"原则的理解与适用

上述规定晦涩抽象，我们用信贷语言将其内容概括为三层意思：（1）经办人有代表权或代理权，即使印章是假的，合同有效；（2）经办人有代表权或代理权，合同虽未加盖印章，也应有效；（3）合同仅加盖法人印章经办人未签字的，经办人有代表或代理权限，合同有效。

1. "经办人有代表权或代理权"的正确理解。不难发现，三层意思中都涵盖了同一个条件"经办人有代表权或代理权"，要想正确适用该原则，首先理解此条件。"经办人"是指代表或代理企业的公民。企业包括法人和非法人组织，常见法人类企业如有限公司、股份公司、农业生产合作社等；常见的非法人组织类企业如个人独资企业、合伙企业等。"代表权"专指法人类企业的法定代表人或非法人类企业的负责人（经工商登记）享有法律上赋予的代表企业对外从事民事法律行为的权利。"代理权"是指企业法定代表人或负责人之外的经过企业书面授权的公民享有的办理合同面签事宜的权利。这里的公民包括但不限于企业的员工，法律上并未限制代理企业的公民范围。我们把这两类享有代表人或代理权的人称为"有权的经办人"。一份有效的书面委托代理书必须具备三个要素：(1) 委托人和受托人的基本信息要明确。委托人信息包含"委托人"、"法定代表人（或负责人）"。注意当借款人企业为法人时，职务为法定代表人；借款人企业为非法人时，职务为负责人。"受托人"一栏填写受托人个人姓名、性别、出身年月、身份证号。(2) 授权范围必须具体明确。诸如"委托办理贷款事宜""委托订立合同事宜"等表述属于授权不明，易引起分歧。应列明具体委托事项。(3) 落款处签章并签字。落款处委托人须加盖企业印章，法定代表人（负责人）需签字按手印。详见图示12-1：授权委托书。商业银行在参考适用时，请根据具体授权内容灵活调整。

授权委托书

委托人：

名称：＿＿＿＿＿＿＿＿＿＿＿＿＿＿

统一社会信用代码：＿＿＿＿＿＿＿＿＿＿＿＿

地址：＿＿＿＿＿＿＿＿＿＿＿＿＿＿

法定代表人（负责人）：＿＿＿＿＿＿＿＿＿＿＿＿

联系方式：＿＿＿＿＿＿＿＿＿＿＿＿

受托人：

姓名：＿＿＿＿＿＿＿＿＿＿＿＿＿＿

身份证号码：＿＿＿＿＿＿＿＿＿＿＿＿

地址：＿＿＿＿＿＿＿＿＿＿＿＿＿＿

联系方式：＿＿＿＿＿＿＿＿＿＿＿＿

因本企业拟向贵行申请贷款，特授权我公司［受托人姓名］前来贵行办理贷款事宜。在授权范围及授权期限内，本公司对被授权人行为予以承认，其法律后果由本公司承担。

授权范围：

1. 与贵行洽商、确定贷款金额、期限、利率、还款方式等贷款事宜；

2. 向贵行提交贷款申请资料，包括但不限于企业基本信息、财务信息、公司决议等贷款所需材料，并对资料的真实性、完整性负责；

3. 与贵行签订借款合同、抵押合同、保证合同等相关法律文件（注意只需填写具体签订的合同名称）；

4. 办理贷款所需的抵押、质押、保证等担保手续，包括但不限于办理抵押物的评估、登记、保险等手续，签订相关文件；

5. 与贵行协商确定贷款的展期、延期、提前还款等事宜，并签订相关协议；

6. 代为领取与贷款相关的各类文件、凭证、票据等资料；

授权期限：自本委托书签署之日起至上述贷款业务全部办理完毕之日止。

本委托书自委托人盖章和法定代表人签字之日起生效，如有未尽事宜，双方可另行协商补充约定。

委托人（盖章）：＿＿＿＿＿＿

法定代表人（签字）：＿＿＿＿＿＿

日期：＿＿＿＿年＿＿月＿＿日

图示 12-1：授权委托书（空白样式）

2. 关于三层意思的准确理解。第一层"经办人有代表权或代理权，即使印章是假的，合同有效"的理解：金融机构与企业订立信贷合同时，该企业"有权的经办人"在信贷合同上签字并加盖企业印章。事后即使企业印章被判定是假的，也不影响该信贷合同的效力。第二层"经办人有代表权或代理权，合同虽未加盖印章，也应有效"的理解：企业"有权的经办人"在信贷合同上签字但未加盖企业印章，不影响合同的效力。此新观点进一步阐述了"看人不看章"的理念。第三层"合同仅加盖法人印章经办人未签字的，经办人有代表或代理权限，合同有效"的理解：企业"有权的经办人"在信贷合同上仅加盖了企业印章未签字，不影响合同的效力。第三层意思表面看上去说的是签章，实则强调盖章的"人"必须是"真"的，所盖之章才有效。进一步与前两层意思呼应，强调"看人不看章"。上述三层意思彻底颠覆了过去"认章不认人"的老观念。金融机构与企业订立信贷合同，必须是双方真实意思表示。"有权的经办人"的缔约行为足以代表企业的真实意思表示。无论其签字或者签章，无论其签章是真是假、是有是无，都不影响判断该缔约行为是企业的真实意思表示，故不影响合同的有效性。

3. "看人不看章"原则对信贷合同面签的影响。影响主要表现在两方面：一是完善合同面签操作规范，二是保障信贷合同交易安全。

关于操作规范的完善：（1）新法实施以后，金融机构关于对公业务的面签操作要重点审查"有权的经办人"身份真实性、合法性问题。具体注意这些细节把握：客户企业面签合同的经办人是法定代表人的，认真核实身份信息的真实性；经办人是代理人的，认真审查书面授权委托书，授权委托书必须明确约定代理人的身份信息（姓名、身份证号），授权事项，委托人处必须加盖企业印章，委托人下方必须有法定代表人（负责人）签字。（2）合规上要求签字、签章都要完成。法律上遵循"看人不看章"的判断标准，合规上操作既要"看人"又要"看章"。金融监管机构对调查、审查、审批、审计等信贷流程的监管采取的是审慎经营原则，要求合同面签在形式上、内容上符合完整性。一份只签字未签章的企业类合同，即使人民法院认定合同有效，也不影响监管机构因违反审慎经营原则出具罚单。此监管目的也是减少或控制合同面签不规范导致的风险问题。所以，负责合同面签的客户经理必须要求企业的"有权经办人"既要签字也要签章。按手印是为了避免签字无法甄别的问题，在面签时，可要求经办人签字时一并按手印。

关于交易安全的保障：法庭上企业客户提出信贷合同上的签章是假的，要求审理法院进行司法鉴定。过去部分法院会采纳企业的鉴定请求。鉴定程序一旦启动，对金融机构非常不利，一是鉴定期间暂停审理程序，影响庭审效率；二是鉴定结论可能对自身不利。一份印章何谓真何谓假？审判实践中是有争议的。与公安备案的印章一致，可以认定为真；与公安备案的印章不一致，却不一定是假的，比如说该企业私刻多枚印章未予备案，但对外在使用，这些印章订立的信贷合同可以认定为真章。但是举证责任分配给了债权人。所以印章鉴定具有很大的不可控性，导致合同交易缺乏安全性。新法规定的"看人不看章"原则能够很好地保障合同安全。只要金融机构确保企业面签的经办人有代表权或代理权，可在法庭上抗辩"应驳回对方的鉴定申请"。此时，金融机构应当举证证明经办人有代表权或代理权的事实，最合适的证据便是面签的"双录"视频。所以前文强调面签"双录"的重要性。当经办人是代理人时，除了"双录"视频，还需提交书面的授权委托书。这里提醒一下，企业此时有可能"硬杠到底"，又提出对授权委托书上的企业印章申请鉴定。我们认为，金融机构对授权委托书的审查仅是形式审查，对其上面的印章的真伪没有审查义务，故应向法院提出"驳回鉴定申请"的抗辩理由，审理法院应当采纳。面对对方提出的经办人笔迹鉴定，我们建议金融机构以证据驳回申请，即以"双录"的视频资料和授权委托书，来认定面签的经办人是有权代表企业缔约。只要能够证明是"有权的经办人"，法院应当驳回对方的笔迹鉴定请求。因为依照新法的判断原则，金融机构已尽到合理的审查义务,"人是真的",自然无需鉴定笔迹。

五、合同面签实务操作与风险防范

为了加强合同面签管理,防止发生法律风险,我们建议如下:

1. 严格落实合同面签"双录"要求。

2. 合同管理部门职责必须明确具体。一是需要全面梳理各类信贷合同,列出违反《民法典》第 497 条规定的无效格式条款和第 498 条规定的冲突条款;二是及时在合法性前提下对涉嫌无效条款和冲突条款进行完善、修改;三是对合同中的争议条款做出明显标识,不要有所遗漏;四是针对合同中争议条款的适用和易引发的风险问题对客户经理、审查人员进行反复培训,避免操作合同订立时发生操作风险。

3. 信贷业务客户经理做好解释说明工作。客户经理需要理解合同中有明显标识争议条款的概念、内容和法律后果,同时要掌握说明义务的操作规则。合同订立时,当客户提出解释争议条款的要求的,客户经理应当及时正确地作出解释。未提出要求的,客户经理无需主动解释。客户经理履行说明义务时面对提问缺乏信心的,可通过请教同事、资料查询或线上检索等方式获取答案。口头方式履行说明义务的,建议录音录像并留存视频资料。书面方式履行的,建议内容上要显示问题、答复及表明客户已清楚无误地声明和签字,同样将书面答复留存信贷档案。

4. 对公业务合同面签严审经办人的资格。企业类客户合同面签时,形式上既要签字也要签章,满足"双签";法律上严格审查经办人的权限,要么是法定代表人(负责人),要么是代理人。认真审查法定代表人的身份信息和代理人的授权委托书,确保经办人的资格真实、有效。诉讼中,学会依据新法"看人不看章"的原则对抗对方恶意提出的印章或笔迹鉴定。

第十三讲　风险分类新规背景下贷款重组的合规要点与法律风险

银行贷款到期后，债务人未依约偿还本息，银行一定要选择清收的方式收回贷款吗？很明确告诉你，银行不会这么干，而是要根据逾期原因、债务人情况做出有针对性的选择。选择帮助债务人"起死回生"，延缓偿债时间，以时间换空间，提高偿债能力，这是上策；贷款一到期就不分青红皂白，诉讼保全加执行一顿操作猛如虎，这是下策。

一、贷款重组的适用场景

《贷款风险分类指引》第 12 条第 2 款规定："重组贷款是指银行由于借款人财务状况恶化，或无力还款而对借款合同还款条款作出调整的贷款。"《商业银行金融资产风险分类办法》第 17 条第 1 款规定："重组资产是指因债务人发生财务困难，为促使债务人偿还债务，商业银行对债务合同作出有利于债务人调整的金融资产，或对债务人现有债务提供再融资，包括借新还旧、新增债务融资等。"根据上述监管规定，又仅是在传统贷款业务背景下探讨重组制度，故本文统一将重组方式称为"贷款重组"。金融监管新规为何要规定重组资产，银行为何要选择贷款重组？一方面，银行有自己的运营逻辑，这个逻辑必须围绕金融监管制度进行。监管部门对不良贷款率有着近乎苛刻的考核，如何降低不良率，就成为银行的运营目标。自借款到期后超过 90 天的贷款，风险归为次级类，需纳入不良贷款范围。另一方面，不少的中小企业因为经营问题、市场环境等原因出现了财务危机，借款到期时暂时无法还贷，如果银行此时选择抽贷，无异于雪上加霜、杀鸡取卵，无论对于企业，还是对于银行自身，都不是良方，企业必死无疑，银行也不见得收回贷款。综上原因，银行通过重组贷款的方式，从金融监管上可有效降低不良率、缓释风险，同时也能帮扶企业、服务实体经济。

银行何时选择贷款重组？选择贷款重组的方式延缓风险，必须要满足一定的条件，如果滥用重组措施，势必造成掩盖资产质量、隐藏实质性风险。监管规定并未明确规定何种情况下适应贷款重组措施，各个银行可根据风险偏好选择适应，但必须遵守监管规定有关资产分类的要求。笔者认为，银行选择贷款重组方式重点把握两个要素：一是主观上有还款意愿。债务人逾期未还贷款的原因要么是主观上没有还款意愿，要么是主观上有还款意愿客观上没有还款能力。二是客观上财务困难。《商业银行金融资产风险分类办法》第18条规定："债务人财务困难包括以下情形：（一）本金、利息或收益已经逾期；（二）虽然本金、利息或收益尚未逾期，但债务人偿债能力下降，预计现金流不足以履行合同，债务有可能逾期；（三）债务人的债务已经被分为不良；（四）债务人无法在其他银行以市场公允价格融资；（五）债务人公开发行的证券存在退市风险，或处于退市过程中，或已经退市，且对债务人的履约能力产生显著不利影响；（六）商业银行认定的其他情形。"当两因素同时考量下，适应贷款重组的场景即为：当债务人主观上积极配合还贷，但客观上因为财务困难导致暂时无法还贷的，银行可以选择贷款重组的方式解决逾期问题。

二、贷款重组的表现形式及监管要求

贷款重组主要分两种形式：一种是合同调整，另一种是再融资。《商业银行金融资产风险分类办法》第 19 条规定："合同调整包括以下情形：（一）展期；（二）宽限本息偿还计划；（三）新增或延长宽限期；（四）利息转为本金；（五）降低利率，使债务人获得比公允利率更优惠的利率；（六）允许债务人减少本金、利息或相关费用的偿付；（七）释放部分押品，或用质量较差的押品置换现有押品；（八）置换；（九）其他放松合同条款的措施。"该办法对再融资的措施未做概括，根据现有的监管政策，笔者认为主要表现为：借新还旧、贷款平移、还旧借新及无还本续贷。

《商业银行金融资产风险分类办法》对于重组贷款的风险分类标准作了明确规定，同时还设置了观察期，观察期内满足一定条件时可以调整风险分类的等级。《商业银行金融资产风险分类办法》第 20 条规定："商业银行应对重组资产设置重组观察期。观察期自合同调整后约定的第一次还款日开始计算，应至少包含连续两个还款期，并不得低于 1 年。观察期结束时，债务人已经解决财务困难并在观察期内按照合同约定及时足额还款的，相关资产可不再被认定为重组资产。债务人在观察期结束时未解决财务困难的，应重新计算观察期。债务人在观察期内没有及时足额还款的，应从未履约时点开始，重新计算观察期。"第 21 条规定："对于重组资产，商业银行应准确判断债务人财务困难的状况，严格按照本办法进行分类。重组前为正常类或关注类的资产，以及对现有债务提供的再融资，重组后应至少归为关注类；观察期内符合不良认定标准的应下调为不良资产，并重新计算观察期；观察期内认定为不良资产后满足第十四条要求的，可上调为关注类。重组前为次级类、可疑类或损失类的，观察期内满足第十四条要求的，可上调为关注类；观察期内资产质量持续恶化的应进一步下调分类，并重新计算观察期。"

三、贷款展期的合规要点与法律风险

贷款展期就是借款到期后经过当事人同意，对借款期限进行的延长。在法律上属于合同条款的变更，即对借款期限的延长。一般情况下，展期内收取的利息同原借期内的利率标准。正常情况下，一笔贷款到期后债务人未偿还，依照约定，银行将收取逾期利息，在借期内利率的基础上上浮30%-50%。《个人贷款管理办法》第34条、《固定资产贷款管理办法》第43条、《流动资金贷款管理办法》第40条均规定：期限一年以内的贷款展期期限累计不得超过原贷款期限；期限超过一年的贷款展期期限累计不得超过原贷款期限的一半。违反上述监管规定，如累计展期天数超过上限，将受到金融监管机构的严厉处罚。实践中，关于违规展期，多数商业银行在内部信贷审批系统中进行了限制性设置，超过展期天数的上限，系统会跳转不过去，经营行很难在展期上违规操作。

（一）未经担保人同意的展期风险分析

展期除了经债务人同意，也需要经过担保人的同意。实践中，借款人往往同意展期，这种方式帮助其延长还款的期限且利率同借期内一样的标准，所以会积极配合订立展期协议。但部分担保人不愿意配合签订展期协议。此情况，银行继续展期还是戛然而止？大多数人可能不敢再展期，一是信贷系统审查不能通过，二是担心担保人会不会因此免责。银行的信贷管理部门担心未经过担保人同意的展期存在风险，故在信贷审查系统中设置了展期必须上传担保人同意展期的书面协议。此情况到底有没有风险？若有风险，是否可控？如果风险可控，能否考虑重新完善信贷审查系统？对此，笔者详细做一分析。因担保方式的不同，未经担保人同意的展期存在的风险也不同。故将保证担保和抵押担保两种典型担保方式展开分析。

1. 未经保证人同意的展期风险

《民法典》第 695 条第 2 款规定："债权人和债务人变更主债权债务合同的履行期限，未经保证人书面同意的，保证期间不受影响。"上述规定表达了两层意思：一是未经保证人同意的展期，保证人不免责。保证人承担的保证责任大小与债务人是一致的，因罚息利率远低于展期利率，故展期可以降低展期期间债务人承担的利息金额，所以即使展期未经过保证人同意，也未增加保证人的责任，反而是减轻了保证人的责任，故保证人不免责。二是既然保证人未同意展期，那么保证期间的起算时间还得从原借款期限到期日开始起算。多数银行约定保证期间自借款到期日起三年。未经过保证人同意展期的保证期间不因展期而改变，仍然是自原借款期限到期日起三年。这就是未经保证人同意展期的风险。

如果保证人不同意签订展期协议，银行坚持展期的，需要经办人记录好贷后台账，写明保证人未签订展期协议，并注明原保证期间不变，自××××年××月××日至××××年××月××日。提醒自己在该期间内，要么起诉保证人，要么向其催收。

2. 未经抵押人同意的展期风险

笔者认为未经抵押人同意的展期，抵押权不会消灭。理由如下：一方面，未经抵押人同意的展期不属于法律规定的抵押权消灭的法定情形。抵押担保属于物权担保，需遵循物权法定原则，即抵押权设立与消灭均由法律规定。《民法典》第 393 条规定："有下列情形之一的，担保物权消灭：（一）主债权消灭；（二）担保物权实现；（三）债权人放弃担保物权；（四）法律规定担保物权消灭的其他情形。"另一方面，未经过抵押人同意的展期未增加抵押人的抵押责任。分析原因同保证人。参照《民法典》第 695 条第 1 款"债权人和债务人未经保证人书面同意，协商变更主债权债务合同内容，减轻债务的，保证人仍对变更后的债务承担保证责任；加重债务的，保证人对加重的部分不承担保证责任"的规定，合同变更未增加抵押人的抵押责任的，抵押权不消灭。综上分析，未经抵押人同意的展期，抵押权不消灭，仍然存续。虽然抵押权存续，但有没有其他风险呢？

笔者认为，有风险，但可控。《民法典》第419条规定："抵押权人应当在主债权诉讼时效期间行使抵押权；未行使的，人民法院不予保护。"该规定意思是说抵押期间与诉讼时效一致，只要银行对主债权人的诉讼时效不超过，那么抵押权就一直存续。当展期只经过了债务人同意，而未经过抵押人同意时，主债权的诉讼时效的起算时间发生了变化，即原本是从借款到期后计算三年，而展期后是从展期到期后计算三年。如果原借款期限是一年，展期一年，当银行在展期到期后的第三年临界点起诉了抵押人，对于债务人而言，诉讼时效未超过；对于抵押人，其有权抗辩"我没有同意展期，抵押期间需从原借款期限到期日计算诉讼时效"。对于第三人，比如首先查封抵押物（不动产）的债权人，其也会抗辩"展期未经过抵押变更登记，应按照原登记的债务履行期限计算抵押期间"。笔者认为，法院会采纳抵押人和第三人的抗辩理由。原因是抵押人未同意展期的或未办理变更登记的，抵押期间对照的主债权诉讼时效应该是变更前的债权的诉讼时效，起算点从原借款到期日开始起算。防范风险的措施是经办人做好贷后台账，标注清楚抵押人未签订展期协议，计算抵押期间应当从原借款到期日起算三年的诉讼时效。提醒自己必须在原借款到期后三年内向债务人催收或提起诉讼。银行向法院提起诉讼的，要将债务人和抵押人一并提起诉讼；向债务人催收的，主债权诉讼时效中断，重新计算三年，抵押期间也跟着变化，抵押权也跟着存续。

（二）抵押物被查封后的展期风险

抵押物被查封，银行还能不能再办理展期业务，实践中存在分歧。一方面，银行担心监管上的合规问题。贷后阶段抵押物被查封，脱离银行的控制，属于抵押合同中约定的违约事项，此时银行如果不及时处置采取预警措施，还继续办理展期业务，有违监管上审慎管理原则。另一方面，银行担心法律上抵押权丧失的问题。抵押物被查封，银行明知展期无法办理抵押变更登记，仍继续办理展期业务，抵押人是否有权抗辩免责，或有权对于展期后的利息、罚息等附属债权不承担抵押责任？

1. 面对监管风险的分析。监管规定对此无明确要求银行该怎么做，审慎经营的目的是控制风险，防范风险发生。抵押物被查封，银行有权选择停止向债务人授信、发放贷款，宣布贷款提前到期（债务人提前还贷，抵押人提前承担抵押责任），或要求债务人增加担保等措施。至于如何决策，取决于债务人的经营情况和银行的自身的风险偏好。如果债务人经营良好，只是现金流短暂出现了回流困难，银行采取展期的方式，不失为一种审慎经营的措施。监管机构不能"一刀切"，不能强制逼迫银行必须作为不良贷款去处置。

2. 面对法律风险的分析。一方面，抵押物被查封后继续展期不符合抵押权消灭的法定情形。依照《民法典》第393条的规定，抵押权消灭必须符合法定情形，而抵押物被查封，银行继续展期并不属于无效的情形。另一方面，抵押物被查封后继续展期未增加抵押人的抵押责任。法律并未规定抵押物被查封后，抵押权人必须马上通过诉讼方式主张抵押权，且在判决生效后又马上申请强制执行。只要抵押权人不超过抵押期间主张抵押权，就应当受到法律保护。债务人逾期未偿还借款，银行办理展期，相较于逾期罚息，展期期间利率的降低，减轻了债务人展期期间利息的负担，同时也减轻了抵押人的抵押责任。综上分析，抵押物被查封继续展期不会导致抵押权的消灭。抵押物被查封继续展期虽然抵押权的存续不受影响，但必须注意其他的风险。抵押物被查封后，客观上是无法办理展期的变更登记的，第三人有权对此提出抗辩。抵押期间对照的主债权诉讼时效应该是变更前的债权的诉讼时效，起算点从原借款到期日开始起算。防范风险的措施同未经抵押人同意展期的风险防范措施。

四、借新还旧的合规要点与法律风险

借新还旧，顾名思义，就是借款到期债务人未偿还借款，银行又发放一笔新贷款用以偿还旧贷款。

(一) 借新还旧业务的特征

我们把借新还旧的合规性和合法性特征一并做一梳理，借新还旧的特征如下：

1. 新贷取代旧贷。新贷的借款金额与旧贷的借款金额可以一致，也可以不一致情况。实践中，在债务人偿还能力范围内，银行要求其偿还部分借款，剩余本金以新贷的方式发放再扣划偿还旧贷。最低也要求债务人偿还旧贷的利息，针对本金发放一笔新贷款。还有的发放的金额大于旧贷款，除了偿还旧贷外，剩余部分用于正常经营。对于新贷中偿还旧贷的部分，即是"以新还旧"部分。旧贷款偿还了新贷款后，旧贷款消灭，以及旧贷款上的所有担保也消灭。银行基于新贷款合同关系，向债务人、担保人主张法律责任。

2. 新旧贷款当事人的范围。新旧两笔贷款的贷款人肯定一致，债务人和担保人可以一致，也可以不一致。过去我们理解的是贷款人和债务人必须一致，只有担保人可以不一致。但连云港某商业银行诉江某、金某、连云港某餐饮公司等金融借款合同纠纷案[1]裁判观点认为：司法解释规定的"以新贷偿还旧贷"，与新贷、旧贷的借款人是否为同一民事主体无关。入库案例裁判观点把借款用途作为认定借新还旧的焦点，只要同一家银行发放的新贷款是为了偿还本行某一笔贷款，就是"以新贷偿还旧贷"。

---

[1] 《连云港某商业银行诉江某、金某、连云港某餐饮公司等金融借款合同纠纷案》，入库编号2023-16-2-103-044，载人民法院案例库网站，https://rmfyalk.court.gov.cn/view/list.html?key=qw&keyName=%25E5%2585%25A8%25E6%2596%2587&value=2023-16-2-103-044&isAdvSearch=0&searchType=1&lib=cpwsAl_qb，最后访问时间：2025年3月22日。

3. 资产风险分类上起码归为关注类。借新还旧属于典型的贷款重组方式，按照《商业银行金融资产风险分类办法》第21条的规定，重组前为正常类或关注类的资产，以及对现有债务提供的再融资，重组后应至少归为关注类。

（二）借新还旧业务的法律风险

1. 担保人免责。《民法典担保解释》第16条第1款规定："主合同当事人协议以新贷偿还旧贷，债权人请求旧贷的担保人承担担保责任的，人民法院不予支持；债权人请求新贷的担保人承担担保责任的，按照下列情形处理：（一）新贷与旧贷的担保人相同的，人民法院应予支持；（二）新贷与旧贷的担保人不同，或者旧贷无担保新贷有担保的，人民法院不予支持，但是债权人有证据证明新贷的担保人提供担保时对以新贷偿还旧贷的事实知道或者应当知道的除外。"用一句信贷语言概括一下上述规定：银行办理借新还旧业务的，未告知新贷中新增加的担保人用途的，该担保人免责。提醒大家，新旧贷款担保人一致的情形下，即使未告知借款用途，担保人也不免责。连云港某商业银行诉江某、金某、连云港某餐饮公司等金融借款合同纠纷案裁判观点认为：在新贷与旧贷系同一保证人的情况下，以新贷偿还旧贷的保证人仍应承担保证责任。实践中，银行败诉的事由最多的就是借新还旧业务中银行未告知担保人实际用途。选择借新还旧的方式重组贷款，既要客观划分风险等级，也要在抵押合同中明确告知借新还旧的用途。

2. 抵押物被查封，不可再办理借新还旧。依照《民法典》第399条第5项的规定，依法被查封的财产不得抵押。基于此，办理借新还旧业务的操作方式，多数银行会选择先办理新贷款的顺位抵押，再发放新贷款用于偿还旧贷款，最后再办理新贷款的解押登记。前后两种登记有时间差，担心先解押后，其他债权人查封了抵押物，就无法办理抵押登记，此时旧贷款上的抵押权因解押行为而消灭。

3. 借新还旧业务的简化流程存在风险。为了简化借新还旧业务的流程，最高人民法院《会议纪要》第 57 条规定，当事人在新担保合同中约定原抵押物继续为新贷款提供担保的，无需再重新办理抵押登记。《民法典担保解释》第 16 条第 2 款继承《会议纪要》的精神。在借新还旧情形下，旧贷的抵押权未涂销，当事人约定继续为新贷提供抵押，未注销登记的抵押权对外依然能起到公示作用，不会危及与抵押人就标的物进行交易的其他第三人的利益。审判实践中，笔者也检索到适用该规定的判例，如某农村商业银行股份有限公司、张某通等金融借款合同纠纷民事一审民事案[1]。针对简化版的借新还旧业务，笔者提出适用该操作时存在的争议，处置不慎，将产生法律风险。

风险一：《会议纪要》规定的约定方式与顺位抵押冲突下的风险。A 银行准备办理一笔贷款的借新还旧业务，张三是旧贷款的抵押人，以其一套住房办理了抵押登记。A 银行与张三于 2024 年 12 月 1 日在新贷款的抵押合同中约定"原抵押物继续为新贷款提供抵押担保，双方无需再重新办理抵押登记"。同一天，张三又与 B 银行办理了顺位抵押登记。A 银行主张自己订立抵押合同的时间早于 B 银行办理抵押登记的时间，B 银行则认为抵押登记时间早于 A 银行的合同订立时间。因为抵押登记的时间是在登记机构客观存在的，所以人民法院审理此问题时会将举证责任分配给 A 银行。如果 A 银行无证据证明订立合同的具体时间节点早于抵押登记时间，则后果是：A 银行订立抵押合同的时间劣后于 B 银行抵押登记时间，又因 A 银行发放新贷款偿还了旧贷款，旧贷款上的抵押权消灭，故 B 银行的顺位抵押变为首押，而 A 银行未依法设立抵押登记，连顺位抵押也不成立，只是一个普通债权。

---

[1] 《某农村商业银行股份有限公司、张某通等金融借款合同纠纷一审民事案》，案号：广东省饶平县法院（2021）粤 5122 民初 593 号，载中国裁判文书网，https://wenshu.court.gov.cn/website/wenshu/181107ANFZ0BXSK4/index.html? docId=EmoQ6ORmLEcoJO5WZy0zcXHGoDcCB1Mv3woVbC72NWjadj9dcEmvI/UKq3u+IEo4xrhYIUL6n/GD6LQ7ng5tkAliU8nguV0GmR0PFBl6r18BhiEZYmxWXMto0RIVoKsB，最后访问时间：2025 年 3 月 22 日。

风险二：《会议纪要》规定的约定方式与司法查封冲突下的风险。A银行操作行为同风险一举例，B银行于2024年12月1日申请法院查封了张三的住房。如果A银行无证据证明订立抵押合同的具体时间节点早于客观存在的司法查封时间，其不利后果同风险一，沦为普通债权。

风险三：抵押物被查封后，不适用《会议纪要》规定的约定方式。抵押物被查封后，按照传统操作，银行将无法办理抵押登记，也就无法先顺位抵押再办理解押。那么能否适用《会议纪要》第57条的规定通过约定原抵押物继续提供抵押，从而避开无法办理抵押登记？如此操作，新贷款享有抵押权吗？对此，司法解释未明确规定，也未检索到入库案例，笔者认为，新贷款不享有抵押权。因为，抵押物查封后，《民法典》第399条第5项的规定，依法被查封的财产不得抵押。银行在办理抵押登记时应推定其知道或者应当知道抵押物已被查封，但其仍然按照《会议纪要》第57条的规定通过约定的方式避开抵押登记，是非善意的，按照《民法典》第311条"善意取得"制度，不享有抵押权。另外，《会议纪要》第57条规定的简化版应该是在能够正常办理抵押登记的前提下，通过约定的方式省去了新贷款的登记环节，才能取得抵押权。而司法查封行为已让简（化）版操作失去了合法性前提，故此情形下银行不享有抵押权。

（三）谨防"还旧借新"穿透后的风险

"还旧借新"与"借新还旧"两者最大区别是："还旧借新"是债务人偿还旧贷在先，贷款人出借新贷在后；而"借新还旧"是贷款人出借新贷在先，债务人偿还旧贷在后。"还旧借新"业务是否像"借新还旧"业务一样存在担保人免责的风险？或者说"还旧借新"业务是否适用《民法典担保解释》第16条第1款关于"借新还旧"担保人免责的规定？对此，法律及司法解释没有明确规定。但实践中出现了不少裁判案例对此作出了不利于银行的规定。嘉兴市中级人民法院（2020）浙04民终

3012号民事判决书裁判观点认为①：曹某丰向H银行借款100万元到期后无力偿还，其向朱某伟借款100万元归还欠H银行到期借款债务，后由H银行再贷款100万元给曹某丰，经祝某良归还朱某伟。一般而言，债务人筹措资金归还到期贷款，然后向银行续贷归还筹措资金，只要银行履行了其本身应尽的相关义务，则不构成保证人可免责的借新贷还旧贷情形。然而本案有证据证明，曹某丰借他人之款偿还到期贷款，再通过续贷归还筹措资金，H银行作为债权人不但参与，而且还起主导作用。一审法院认定曹某丰与H银行属于协议以新贷偿还旧贷，依据充分，本院予以确认。因郑某斌和夏某娟非旧贷保证人，H银行没有证据证明郑某斌和夏某娟知道或应当知道借新还旧的约定，因此郑某斌和夏某娟抗辩不承担保证责任，于法有据。类似案例观点还有：洛阳市中级人民法院（2020）豫03民终4449号民事判决书②。

通过分析上述判例，当银行"还旧借新"业务符合两个要件时，即贷款人与债务人达成"还旧借新"的合意；债务人用非自有资金偿还了旧贷，本质上就具备了"借新还旧"业务的特征。此时，银行就应当按照法律规定向新增加的担保人履行用途风险告知义务。否则，担保人免责。

五、无还本续贷的最新政策与合规要点

（一）无还本续贷业务的特征

无还本续贷是指贷款到期无须偿还本金即可接续融资。其实质上是

---

① 载中国裁判文书网，https：//wenshu.court.gov.cn/website/wenshu/181107ANFZ0BXSK4/index.html?docId=5MqbFU+Etv4mkuQuQrNe5yrTR7Sm0/+DB0nTrvhB8LwBADfw7yK/f/UKq3u+IEo4xrhYIUL6n/GD6LQ7ng5tkAliU8nguV0GmR0PFBl6r18BhiEZYmxWXOvPVq6iOMAm，最后访问时间：2025年3月23日。

② 载中国裁判文书网，https：//wenshu.court.gov.cn/website/wenshu/181107ANFZ0BXSK4/index.html?docId=6Dz40boryH8wRXxZNrKJF9RjOCrNTGYfurMh7Qs63RgiXyS7lPbNUPUKq3u+IEo4xrhYIUL6n/GD6LQ7ng5tkAliU8nguV0GmR0PFBl6r1+Wwy9PvpyW9oMWiaJnlQUR，最后访问时间：2025年3月23日。

借新还旧，即允许符合条件的小微企业在贷款到期后，如果仍有融资需求且存在临时资金困难，可以不必偿还本金，而是通过新发放贷款结清已有贷款的形式，继续使用贷款资金。主要有如下特征：

一是减轻企业还款压力。企业无需先偿还本金即可延续贷款，避免企业为了还款而拆借高息资金或资金链断裂的情况。

二是贷款连续性。能够使企业资金支持得到延续，维持正常的生产经营活动，保持资金链稳定，不会因到期还款而中断经营资金的获取。

三是风险评估要求高。银行要对企业的经营状况、信用情况、未来现金流等进行严格评估，确保企业只是暂时遇到资金周转困难，有能力在后续期间偿还贷款。

四是依实际情况灵活办理。银行会根据企业具体的经营周期、行业特征等实际情况，来确定续贷的金额、期限等贷款条件。

（二）无还本续贷最新政策

国家金融监督管理总局《关于做好续贷工作 提高小微企业金融服务水平的通知》主要内容如下：

一是将续贷对象由原来的部分小微企业扩展至所有小微企业，即明确小微企业流动资金贷款和小微企业主、个体工商户及农户经营性贷款等均可以续期。贷款到期后仍有融资需求，又临时存在资金困难的所有小微企业，均可向银行业金融机构申请续贷支持。

二是将续贷政策阶段性扩大到中型企业，期限暂定为三年，也即对2027年9月30日前到期的中型企业流动资金贷款，存在资金接续需求的，商业银行可以参照小微企业续贷政策办理续贷。

三是调整风险分类标准，适当优化续期贷款正常类资产分类标准，允许银行对依法合规、持续经营、信用良好，无欠息逃废债等不良行为的企业办理续贷，不因续贷单独下调风险分类。

四是对完善续贷尽职免责提出明确要求，即要求银行业金融机构要进一步完善续贷尽职免责相关制度，优化工作流程，加强内部控制，细化免责情形，切实为信贷人员松绑减负，有效保护其开展业务的积极性，形成敢贷、愿贷、能贷、会贷的长效机制。

商业银行应当抓住当下金融监管政策，充分利用无还本续贷的政策服务中小企业实体经济，缓释资产风险，降低不良率。

第十四讲　金融犯罪对民事维权程序与信贷合同效力的负面影响

商业银行等金融机构工作人员或债务人涉嫌违法发放贷款罪、骗取银行贷款罪等金融犯罪的，地方法院往往针对涉案的不良贷款民事审理程序做出如下裁定：不予立案；已立案的暂停审理或驳回起诉；同意继续审理的认定借款合同与担保合同无效；已进入执行程序的终结本次执行。金融机构本就因金融犯罪行为难以向债务人收回贷款，又遭遇民事诉讼程序暂停不前，同时还面临担保合同无效的败诉风险，如果再考虑负面的舆情，金融机构将因金融犯罪行为遭遇一系列风险，这是金融机构无法承受之痛。面对金融机构的困惑，法律、司法解释以及最新司法政策有无解决路径？本文就此专题展开分析。

一、常见金融犯罪的构成要件与追诉标准

（一）金融机构员工涉嫌的罪名

1. 违法发放贷款罪

违法发放贷款罪，是指银行或者其他金融机构及其工作人员违反法律、行政法规的规定，玩忽职守或者滥用职权，向关系人以外的其他人发放贷款，造成重大损失的行为。

【刑法条文】

《刑法》第 186 条规定：银行或者其他金融机构的工作人员违反国家规定发放贷款，数额巨大或者造成重大损失的，处五年以下有期徒刑或者拘役，并处一万元以上十万元以下罚金；数额特别巨大或者造成特别重大损失的，处五年以上有期徒刑，并处二万元以上二十万元以下罚金。

银行或者其他金融机构的工作人员违反国家规定，向关系人发放贷款的，依照前款的规定从重处罚。

单位犯前两款罪的，对单位判处罚金，并对其直接负责的主管人员和其他直接责任人员，依照前两款的规定处罚。

关系人的范围，依照《商业银行法》和有关金融法规确定。

【追诉标准】

《最高人民检察院、公安部关于公安机关管辖的刑事案件立案追诉标准的规定（二）》（公通字〔2022〕12 号）第 37 条规定：

银行或者其他金融机构及其工作人员违反国家规定发放贷款，涉嫌下列情形之一的，应予立案追诉：

（一）违法发放贷款，数额在二百万元以上的；

（二）违法发放贷款，造成直接经济损失数额在五十万元以上的。

【构成要件】

主体。违法发放贷款罪的主体，是特殊主体，只能由中国境内设立的中资商业银行、信托投资公司、企业集团服务公司、金融租赁公司、城乡信用合作社及其他经营贷款业务的金融机构，以及上述金融机构的工作人员构成，其他任何单位包括外资金融机构（含外资、中外合资、外资金融机构的分支机构等）和个人都不能成为违法发放贷款罪主体。

客体。违法发放贷款罪侵犯的客体，是国家的金融管理制度，具体是国家的贷款管理制度。

主观方面。违法发放贷款罪在主观方面表现为过失，即行为人对于其非法发放贷款行为可能造成的重大损失是出于过失，这种过失一般是过于自信的过失。

客观方面。要有向关系人以外的人发放贷款的行为，这是构成违法发放贷款罪客观方面的前提与基础；违反了有关法律、行政法规的规定；非法向关系人以外的人发放贷款，必须造成了重大损失。

【关联罪名】

与违法向关系人发放贷款罪的区别：前者是向关系人以外的其他人发放贷款；后者是向关系人发放贷款。关系人是指：商业银行的董事、监事、管理人员、信贷业务人员及其近亲属以及上述人员投资或者担任高级管理职务的公司、企业和其他经济组织。

2. 非国家工作人员受贿罪

非国家工作人员受贿罪是指公司、企业或者其他单位的工作人员利用职务上的便利，索取他人财物或者非法收受他人财物，为他人谋取利益，数额较大的行为。

【刑法条文】

《刑法》第163条规定：公司、企业或者其他单位的工作人员，利用职务上的便利，索取他人财物或者非法收受他人财物，为他人谋取利益，数额较大的，处三年以下有期徒刑或者拘役，并处罚金；数额巨大或者有其他严重情节的，处三年以上十年以下有期徒刑，并处罚金；数额特别巨大或者有其他特别严重情节的，处十年以上有期徒刑或者无期徒刑，并处罚金。

公司、企业或者其他单位的工作人员在经济往来中，利用职务上的便利，违反国家规定，收受各种名义的回扣、手续费，归个人所有的，依照前款的规定处罚。

【追诉标准】

《最高人民检察院、公安部关于公安机关管辖的刑事案件立案追诉标准的规定（二）》（公通字〔2022〕12号）第10条规定：

公司、企业或者其他单位的工作人员利用职务上的便利，索取他人财物或者非法收受他人财物，为他人谋取利益，或者在经济往来中，利用职务上的便利，违反国家规定，收受各种名义的回扣、手续费，归个人所有，数额在三万元以上的，应予立案追诉。

【构成要件】

主体。犯罪主体是特殊主体，即公司、企业或者其他单位的工作人员。

客体。侵犯的客体是国家对公司、企业以及非国有事业单位、其他组织的工作人员职务活动的管理制度。

主观要件。主观方面表现为故意，即公司、企业、其他单位人员故意利用其职务之便接受或索取贿赂，为他人谋取利益。

客观要件。客观方面表现为利用职务上的便利，索取他人财物或非法收受他人财物，为他人谋取利益，数额较大的行为。

3. 受贿罪

受贿罪是指国家工作人员利用职务上的便利，索取他人财物，或者非法收受他人财物，为他人谋取利益的行为。

【刑法条文】

《刑法》第385条规定：国家工作人员利用职务上的便利，索取他人财物的，或者非法收受他人财物，为他人谋取利益的，是受贿罪。

国家工作人员在经济往来中，违反国家规定，收受各种名义的回扣、手续费，归个人所有的，以受贿论处。

国有金融机构工作人员和国有金融机构委派到非国有金融机构从事公务的人员有前款行为的，依照本法第三百八十五条、第三百八十六条的规定定罪处罚。

【追诉标准】

《最高人民法院、最高人民检察院关于办理贪污贿赂刑事案件适用法律若干问题的解释》（法释〔2016〕9号）第1条第1款、第2条第1款、第3条第1款规定：

贪污或者受贿数额在三万元以上不满二十万元的，应当认定为刑法

第三百八十三条第一款规定的"数额较大"，依法判处三年以下有期徒刑或者拘役，并处罚金。

贪污或者受贿数额在二十万元以上不满三百万元的，应当认定为刑法第三百八十三条第一款规定的"数额巨大"，依法判处三年以上十年以下有期徒刑，并处罚金或者没收财产。

贪污或者受贿数额在三百万元以上的，应当认定为刑法第三百八十三条第一款规定的"数额特别巨大"，依法判处十年以上有期徒刑、无期徒刑或者死刑，并处罚金或者没收财产。

【构成要件】

主体。本罪的主体为特殊主体，即国家工作人员。国家工作人员，包括国家机关中从事公务的人员；国有公司、企业、事业单位、人民团体中从事公务的人员；国家机关、国有公司、企业、事业单位委派到非国有公司、企业、事业单位、社会团体从事公务的人员；以及其他依照法律从事公务的人员，以国家工作人员论。这是与非国家工作人员受贿罪最主要的区别。

客体。本罪侵犯的客体是复杂客体，主要客体是国家机关、国有公司、企事业单位、人民团体的正常管理活动，次要客体是国家工作人员职务行为的廉洁性。

主观方面。本罪的主观方面为故意。

客观方面。本罪的客观方面表现为利用职务上的便利，向他人索取财物，或者收受他人财物并为他人谋取利益的行为。行为类型有两种，即索取财物和收受贿赂。索取财物，只需要利用职务便利即可。收受贿赂的，还需要为他人谋取利益。

（二）债务人、担保人涉嫌的罪名

1. 骗取贷款罪

骗取贷款罪是指以欺骗手段取得银行或者其他金融机构贷款，给银行或者其他金融机构造成重大损失的行为。

【刑法条文】

《刑法》第 175 条之一规定：以欺骗手段取得银行或者其他金融机构贷款、票据承兑、信用证、保函等，给银行或者其他金融机构造成重大损失的，处三年以下有期徒刑或者拘役，并处或者单处罚金；给银行或者其他金融机构造成特别重大损失或者有其他特别严重情节的，处三年以上七年以下有期徒刑，并处罚金。单位犯前款罪的，对单位判处罚金，并对其直接负责的主管人员和其他直接责任人员，依照前款的规定处罚。

【追诉标准】

《最高人民检察院、公安部关于公安机关管辖的刑事案件立案追诉标准的规定（二）》（公通字〔2022〕12 号）第 22 条规定：

以欺骗手段取得银行或者其他金融机构贷款、票据承兑、信用证、保函等，给银行或者其他金融机构造成直接经济损失数额在五十万元以上的，应予立案追诉。

【构成要件】

主体。本罪的主体是一般主体，任何达到刑事责任年龄、具有刑事责任能力的自然人均可构成，单位也可成为本罪的主体。

客体。本罪侵犯的客体是双重客体，既侵犯了银行或者其他金融机构对贷款的所有权，也侵犯了国家金融管理制度。

主观要件。责任形式为故意，但不要求具有特定目的，即行为人明知自己的行为是欺骗金融机构以获取贷款，但并不以非法占有贷款为目的。

客观要件。表现为采用虚构事实、隐瞒真相的方法诈骗银行或者其他金融机构的贷款，数额较大的行为，如编造引进资金、项目等虚假理由，使用虚假的经济合同、证明文件，使用虚假的产权证明作担保或者超出抵押物价值重复担保等。

2. 贷款诈骗罪

贷款诈骗罪是指以非法占有为目的，诈骗银行或者其他金融机构的贷款，数额较大的行为。

【刑法条文】

《刑法》第193条规定：有下列情形之一，以非法占有为目的，诈骗银行或者其他金融机构的贷款，数额较大的，处五年以下有期徒刑或者拘役，并处二万元以上二十万元以下罚金；数额巨大或者有其他严重情节的，处五年以上十年以下有期徒刑，并处五万元以上五十万元以下罚金；数额特别巨大或者有其他特别严重情节的，处十年以上有期徒刑或者无期徒刑，并处五万元以上五十万元以下罚金或者没收财产：

（一）编造引进资金、项目等虚假理由的；

（二）使用虚假的经济合同的；

（三）使用虚假的证明文件的；

（四）使用虚假的产权证明作担保或者超出抵押物价值重复担保的；

（五）以其他方法诈骗贷款的。

【追诉标准】

《最高人民检察院、公安部关于公安机关管辖的刑事案件立案追诉标准的规定（二）》（公通字〔2022〕12号）第45条规定：

以非法占有为目的，诈骗银行或者其他金融机构的贷款，数额在五万元以上的，应予立案追诉。

【构成要件】

主体。一般主体，任何达到刑事责任年龄、具有刑事责任能力的自然人均可构成，单位不能成为本罪主体，但单位实施贷款诈骗的，对组织、策划、实施该行为的人依法追究刑事责任。

客体。本罪侵犯的客体是双重客体，既侵犯了银行或者其他金融机构对贷款的所有权，也侵犯了国家金融管理制度．

主观方面。责任形式为故意，且具有非法占有的目的，具体表现为不归还贷款的意思，如假冒他人名义贷款后携款潜逃、贷款用于挥霍致使无法偿还等情形。

客观方面。表现为采用虚构事实、隐瞒真相的方法诈骗银行或者其他金融机构的贷款，数额较大的行为。最高人民法院 2001 年 1 月 21 日颁布的《全国法院审理金融犯罪案件工作座谈会纪要》（法〔2001〕8 号）关于金融诈骗罪中非法占有目的的认定作了详细的规定，对于行为人通过诈骗的方法非法获取资金，造成数额较大资金不能归还，并具有下列情形之一的，可以认定为具有非法占有的目的：1. 明知没有归还能力而大量骗取资金的；2. 非法获取资金后逃跑的；3. 肆意挥霍骗取资金的；4. 使用骗取的资金进行违法犯罪活动的；5. 抽逃、转移资金、隐匿财产，以逃避返还资金的；6. 隐匿，销毁账目，或者搞假生产、假倒闭，以逃避返还资金的；7. 其他非法占有资金、拒不返还的行为。

【关联罪名】

贷款诈骗罪与骗取贷款罪的关系与区别：

犯罪主体不一致。骗取贷款罪的犯罪主体既包括自然人，也包括单位。贷款诈骗罪的犯罪主体不包括单位，只能是自然人，对于单位实施的贷款诈骗行为，一般对组织、策划、实施贷款诈骗行为的自然人以贷款诈骗罪论处。

客观方面明显区别。骗取贷款罪与贷款诈骗罪在客观方面都表现为使用欺骗手段骗取贷款，区别点在于行为人主观上是否具有非法占有的目的，对行为人主观上没有非法占有目的，或者证明其非法占有目的证据不足的，只能认定为骗取贷款罪。骗取贷款罪的欺骗方法与贷款诈骗罪的客观行为手段，完全相同，没有本质的区别；但相同的欺骗方法分别服务于不同的主观目的，一个是使用诈骗，一个是占有诈骗。

两罪之间的转换。关于印发《最高人民检察院关于充分发挥检察职能服务保障"六稳""六保"的意见》的通知中第 3 点提到，依法慎重处理贷款类犯罪案件。对于借款人因生产经营需要，在贷款过程中虽有违规行为，但未造成实际损失的，一般不作为犯罪处理。对于借款人采取欺骗手段获取贷款，虽给银行造成损失，但证据不足以认定借款人有非法占有目的的，不能以贷款诈骗罪定性处理。上述司法政策其实明确了对于"非法占有"的认定标准，在证据不确实充分的情况下，不能简单推定借款人有非法占有的目的。对于无法证明确有非法占有的目的、但是确实采用欺骗的手段获取贷款的行为，可以认定为骗取贷款罪。

金融机构工作人员参与债务人骗取贷款犯罪行为的责任认定。金融机构工作人员利用职务之便，收受债务人好处，参与骗取贷款的，构成受贿罪（非国家工作人员受贿罪）、违规发放贷款罪及骗取贷款罪（贷款诈骗罪），数罪并罚。

二、刑民交叉背景下民事维权程序的选择

（一）2023年以前关于刑民交叉民事维权程序的主流观点

当前，金融市场涉众型金融犯罪多发，个案风险跨市场跨区域传染，金融审判领域刑民交叉法律问题突出。实践中，一笔不良贷款的当事人涉嫌金融犯罪的，该笔不良贷款还能否起诉，已起诉的还能否继续审理，已进入执行程序的还能否继续执行？对此，地方法院观点不一。一部分法院认为，金融犯罪是打击破坏金融秩序的犯罪行为，民事诉讼是维护金融债权的救济途径，两种程序可以同时进行。另一部分法院倾向于"先刑后民"，即民事程序让位刑事程序，刑事程序未结束前暂停民事程序，待刑事程序终结后再考虑是否恢复民事程序。这种做法对于商业银行等金融机构来说被迫中止了民事维权程序，而且中止的时间具有不确定性，严重影响了金融机构的诉权。对于民刑程序衔接问题，最高人民法院亟须统一裁判规则。

（二）金融审判会议关于刑民交叉民事维权程序的最新观点

2023年1月10日，全国法院金融审判工作会议[①]（以下简称金融审判会议）召开，最高人民法院针对近三年全国法院审理的金融案件（包括民事、行政、刑事）做了全面的梳理，总结了宝贵的审判经验，也提出了存在的问题，并提出统一的裁判思路。其中对于民刑程序衔接问题，最高人民法院针对复杂的不同情形，提出了裁判思路，促进了统一裁判规则。

（三）刑民交叉背景下民事维权程序的实务操作

笔者就金融犯罪引发的刑民交叉问题，提炼出如下审判思路或裁判观点：

1. 刑民交叉案件可分三种审理方式。根据相关程序法和司法解释的规定，人民法院审理刑民交叉案件，主要采用刑事程序吸收民事程序、"刑民并行"和"先刑后民"三种审理方式，详见图示14-1。

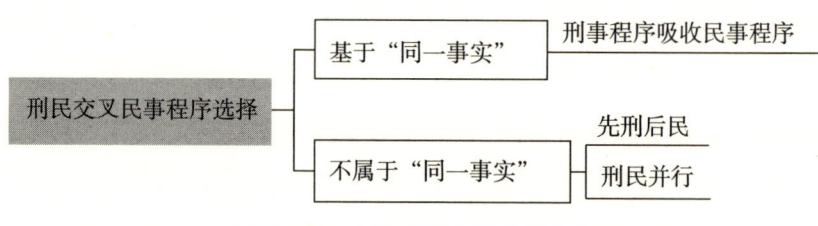

图示14-1：刑民交叉三种审理方式

2. 三种审理模式的抉择标准。民刑案件是否构成"同一事实"，是选择刑事程序吸收民事程序还是"刑民并行"程序的核心标准。总体上看，民事案件与刑事案件的主体相同，且案件基本事实存在竞合或者基本竞合的，可以认定民事案件与刑事案件构成"同一事实"。民事案件当

[①] 刘贵祥：《关于金融民商事审判工作中的理念、机制和法律适用问题》，载《法律适用》2023年第1期。该文总结了本次会议精神。

事人双方与刑事案件的主体不一致的，不能认定为"同一事实"。这三种审理方式的基本划分标准是：

（1）"刑事吸收民事"：刑事案件与民事案件涉及"同一事实"的，原则上应通过刑事诉讼方式解决，刑事程序吸收民事程序。如在非法集资、P2P等涉众型刑事犯罪引发的民事案件要坚持"刑事先行"的工作策略，刑事吸收民事程序，全力维护社会稳定，充分发挥刑事退赔制度的民事赔偿功能，发挥公安机关刑事追赃挽损的优势，更有利于最大化地追缴赃款赃物，最大化地补救受害人的损失。在实践中，有许多处理非法集资类案件的典型案例可资参考。通过追赃发还受害人的方式，不仅有利于更好地保护受害人，也一并处理了犯罪分子的民事责任追究问题，更有利于公平清理债务。

（2）"刑民并行"：不属"同一事实"的，刑事和民事案件分别审理，即"刑民并行"。如行为人以非法占有为目的，在正常订立贷款合同后采取欺诈手段拒不还贷，涉嫌贷款诈骗罪的，因金融借款合同的逾期还款违约事实的认定，不受合同履行过程中诈骗犯罪的影响，人民法院对金融借款纠纷可继续审理。

（3）"先刑后民"：在"刑民并行"的案件中，如民事案件必须以相关刑事案件的审理结果为依据，民事案件中止审理。主要体现在：一是民事案件的事实认定或者民事责任承担，需要以行为人所涉刑事案件处理结果为依据的。二是民事基本事实明显依赖于刑事诉讼查证。

3. 典型金融犯罪下的民事案件审理方式

信贷合同的当事人一方或多方涉嫌违法发放贷款罪、受贿罪（非国家工作人员受贿罪）、骗取贷款罪及贷款诈骗罪的，依照上述的会议精神，审理方式应当为"刑民并行"。民事诉讼程序（含执行）何时可以独立于刑事程序正常单独运行，何时必须启动"先刑后民"？对此，最高人民法院认为启动"先刑后民"的条件一是民事案件的事实认定或者民事责任承担，需要以行为人所涉刑事案件处理结果为依据的；二是民事基本事实明显依赖于刑事诉讼查证。自金融审判会议召开之后，仍有部分地方法院并未发生审判思路的转变，仍是一律按照"先刑后民"的审理方式。理由就是民事案件需要依赖于刑事诉讼查证或民事案件的事实认定需要以行为人所涉刑事案件处理结果为依据。我们认为，这种做法违背了金融审判会议精神，损害了金融机构的合法诉权。导致这种情况的原因，在于"先刑后民"的标准在具体操作时不具体、不明确。我们认为，当务之急，解决的办法一是完善适用标准，二是赋予复议权利。最高人民法院需要对"先刑后民"适用条件制定更加具有可操作性的标准。比如通过入库案例的方式，在某一金融犯罪中说明具体的适用条件。民事案件审理法院若选择"先刑后民"的审理模式，必须向债权人说明为什么民事案件的事实认定需要以刑事案件处理结果为依据，解释清楚两者之间的因果联系。审理法院未予以解释说明或债权人对解释说明不服的，应当赋予债权人向上级法院复议的救济权利。

三、刑民交叉背景下信贷合同效力的认定

涉金融犯罪的刑民交叉案件中，审理法院对金融借款合同纠纷中的主从合同的效力如何认定？是否会因为涉及金融犯罪而认定借款合同和担保合同均无效？在以往的审判实践中，很多法院认为只要合同当事人构成犯罪，就必然导致合同无效。近年来，理论界和实务界开始对这一问题进行反思，认为一概认定合同无效，可能既不利于实现打击犯罪和保护被害人的刑法目的，还可能会给被害人造成"二次伤害"。根据金融审判会议精神，以及依据《民法典》及其他民事法律关于合同效力的规定，以常见的金融犯罪为例，分析金融犯罪对合同效力的影响。

1. 合同效力应以民事法律关于民事法律行为效力的规定作为裁判依

据。刘贵祥认为①，人民法院对合同效力的认定，无论合同是否涉及犯罪，都应当以民法典及其他民事法律关于民事法律行为效力的规定作为裁判依据。

2. 债务人单方骗取贷款构成诈骗类犯罪的，只能导致合同被撤销，不能导致合同无效。债务人在刑法上构成金融诈骗犯罪，银行员工未与之串通，如骗取贷款罪、贷款诈骗罪，该类犯罪行为在民法上同时构成民事欺诈。《民法典》第 148 条规定："一方以欺诈手段，使对方在违背真实意思的情况下实施的民事法律行为，受欺诈方有权请求人民法院或者仲裁机构予以撤销。"民法典之所以未把欺诈等情形规定为当然无效，是站在被欺诈人立场上，给受害人一个选择权，由其在法定期限内衡量维护合同效力是否对自己更有利，有利则诉请继续履行，不利则行使撤销权，合同自始不发生效力。

3. 金融机构信贷人员与债务人恶意串通，哪怕是构成金融犯罪的，债权人对超越代表权或无代理权的行为追认的，借款合同有效。首先，金融机构信贷人员与债务人恶意串通的行为不适用于恶意串通无效的规则。《民法典》第 154 条："行为人与相对人恶意串通，损害他人合法权益的民事法律行为无效。"在恶意串通无效的适用规则上，要严格审查合同主体与犯罪主体的一致性，并将适用情形严格限定在合同订立阶段。在合同订立时，如果只是金融机构的法定代表人或者职务代理人构成犯罪而单位未构成犯罪，就不应认定单位与合同相对方构成恶意串通而宣告合同无效。其次，金融机构信贷人员与债务人恶意串通的行为应适用代理制度。依照《民法典》第 164 条第 2 款的规定：代理人和相对人恶意串通，损害被代理人合法权益的，代理人和相对人应当承担连带责任。认定该代理人与借款人恶意串通损害银行合法权益，判令银行工作人员与借款人向银行承担连带还款责任。最后，债权人对超越代表权或无代

---

① 刘贵祥：《关于金融民商事审判工作中的理念、机制和法律适用问题》，载《法律适用》2023 年第 1 期。

理权的行为追认的，借款合同有效。《民法典》第 171 条第 1 款规定："行为人没有代理权、超越代理权或者代理权终止后，仍然实施代理行为，未经被代理人追认的，对被代理人不发生效力。"金融机构法定代表人（负责人）或者代理人（员工）与债务人恶意串通损害单位的合法利益，是代表权或者代理权滥用的典型表现，其订立借款合同的行为自应构成越权代表或者无权代理，因而应根据《民法典》关于越权代表或者无权代理的规定认定合同效力。如此处理的好处是，如果银行认为对该行为进行追认更有利于自己，就可以对合同进行追认，进而向担保人主张权利。反之，则不予追认，使合同不发生效力。

4. 合同履行阶段的金融犯罪不影响合同订立时的效力。在合同履行阶段，合同各方恶意串通构成犯罪的，不影响之前订立的合同效力。比如，在金融借款合同订立后，借款人通过行贿与银行工作人员恶意串通，形成虚假不良贷款，该犯罪行为不影响金融借款合同效力。民法对合同效力的评价主要是在合同订立阶段，合同履行中一方或双方违法犯罪不应作为合同无效的事由，履行中的违法犯罪问题应由其他制度解决。比如，借款人在金融借款合同订立后为促使银行尽快放款而行贿构成犯罪的，不应认定借款合同无效。

5. 金融机构信贷人员与债务人私下串通骗取担保人提供担保的，担保人可主张适用恶意串通无效的规则。根据《金融审判会议》的精神可知，如果银行的工作人员与债务人恶意串通，向担保人转嫁风险，损害担保人利益，这是两个合同主体之间恶意串通损害他人利益的典型形态，而应依据《民法典》第 154 条的规定认定担保合同无效。我们认为，金融审判会议精神的上述观点在实践中很容易与上面提到的恶意串通适用代理制度相混淆。若银行员工与债务人恶意串通的目的是骗取银行贷款，而非骗取担保人财产，但往往对担保人隐瞒欺诈银行的行为，最终担保人承担了担保责任，此情况担保人可否主张适用恶意串通无效的规则呢？地方法院在面对此情况时，很可能倾向于适用恶意串通无效规则。兜兜转转，又回到了传统审判观点上。我们认为，人民法院对担保人适用恶意串通无效规则，担保人需承担至少两点举证责任：一是有证据证明银行工作人员与债务人通谋骗取银行贷款且涉及让担保人担责的事实；二是担保人已承担担保责任，造成客观损失。否则，人民法院关于恶意串通行为应适用《民法典》代理制度判断借款合同和担保合同的效力。

6. 债权人知道或者应当知道债务人骗取担保的，担保人可以主张撤销担保合同。《民法典》第149条规定："第三人实施欺诈行为，使一方在违背真实意思的情况下实施的民事法律行为，对方知道或者应当知道该欺诈行为的，受欺诈方有权请求人民法院或者仲裁机构予以撤销。"债务人提供了虚假的材料并隐瞒担保人，目的是骗取担保人提供担保。当金融机构对此知道或者应当知道的情况下仍与担保人订立担保合同的，担保人有权请求撤销担保合同。笔者认为，当金融机构"知道"时，多半信贷人员与债务人恶意串通共同涉嫌犯罪。此时，信贷人员与债务人共同骗取担保人提供担保的，担保人除了可以主张撤销担保合同，也可以适用恶意串通合同无效规则。当金融机构"应当知道"时，大概是信贷人员疏忽大意、滥用职权涉嫌违法发放贷款罪，此时担保人只能主张撤销担保合同。需要提醒的是，无论是金融机构"知道"还是"应当知道"债务人的欺诈行为，都需要由担保人负责举证证明。此时，担保人最聪明的做法是申请审理法院"先刑后民"，理由是信贷人员与债务人是存在恶意串通，还是疏忽大意，需要刑事诉讼程序查证。

四、实务操作与风险提示

提示一：落实金融监管总局《银行保险机构涉刑案件风险防控管理办法》有关涉刑案件的管理要求。加强涉刑案件风险源头预防、全面预防、全链条预防。重点推动将涉刑案件风险防控纳入银行保险机构公司治理架构，进一步压实董（理）事会、监事会、高级管理层、牵头部门、内设部门和分支机构职责。充分调动董监高在涉刑案件风险防控中的主观能动性，着力构建各方联动、齐抓共管的涉刑案件风险防控格局。

提示二：刑民交叉背景下应积极主张"刑民并行"。人民法院审理金融借款合同纠纷时，当遇到债务人或担保人刑事犯罪问题，哪怕涉及金融犯罪，在面对"刑民并行"和"先刑后民"两种审理方式的抉择上，金融机构应当积极主张适用"刑民并行"，即继续审理或执行民事案件。当审理法院采用"先刑后民"程序时，应申请审理法院明确告知具体事由，对释明理由不服的，向上级法院反映诉求。

提示三：金融犯罪情形下应努力确保信贷合同合法有效。信贷合同的有效是确保债务人依约还款，担保人依约承担担保责任的前提。当金融机构遇到涉案贷款发生金融犯罪时，一定要树立确保信贷合同有效的维权理念。错综复杂的金融犯罪行为对信贷合同的效力有着千丝万缕的负面影响，要想最大限度地保护金融债权，需要充分理解最新的司法政策，积极适用最新的审判理念。根据信贷业务特征，结合当前刑民交叉的审判实践，针对不同的金融犯罪特点，笔者提出如下应对措施：

1. 人民法院对合同效力的认定，即使贷款涉及金融犯罪，都应当以民法典及其他民事法律关于民事法律行为效力的规定作为裁判依据。

2. 债务人单方骗取贷款涉嫌骗取贷款罪或贷款诈骗罪的，金融机构正确的做法：坚决不行使合同撤销权，而应积极主张借款合同、担保合同有效，债务人依约应当承担还款责任，担保人应当依约承担担保责任。

3. 金融机构信贷人员与债务人恶意串通构成金融犯罪的，金融机构对超越代表权或无代理权的行为应当毫不犹豫地追认，目的是确保借款合同有效。

4. 认定借款合同的效力应在合同订立阶段。债务人在金融借款合同订立后为促使银行尽快放款而行贿构成犯罪的或借款人通过行贿与银行工作人员恶意串通形成虚假不良贷款，不应认定借款合同无效。

第十五讲　公司类贷款业务中实控人的识别与责任设置

依照《公司法》（2023年修订）第265条第3项规定，实际控制人（以下简称实控人）是指通过投资关系、协议或者其他安排，能够实际支配公司行为的人。实控人可能会利用这种支配地位改变公司贷款用途挪作私用。现有的法律对于实控人侵犯债权人合法权益的约束极其有限，且债权人难以举证，故无法防范信贷风险。商业银行在贷前识别实控人并通过合同设置明确实控人的法律责任，将有效防范公司类贷款风险。

一、实控人滥用控制权对公司贷款的不利影响

（一）实控人对公司治理的重要影响

1. 决策主导，对公司的战略规划、重大投资、人事任免等关键决策起决定性作用。实控人可推动公司朝其期望的方向发展，决定公司的发展路径和方向。

2. 经营控制，凭借对公司的控制权，影响公司的日常经营活动，如业务拓展、采购销售、财务管理等，其经营理念和决策风格会直接体现在公司的经营管理中。

3. 利益关联，实际控制人的利益与公司利益紧密相连，公司的业绩和发展会直接影响其个人财富和声誉等，可能通过合理决策促进公司发

展实现双赢,也可能为私利损害公司和中小股东利益。

图示 15-1:实控人对公司的控制

(二) 实控人滥用控制权侵害债权人合法权益

实控人对于公司的"人、财、物"都有控制权,一笔公司贷款的合理用途、还款意愿及还款能力都受其个人控制的影响。如果实控人不能够被法律约束,也未能通过合同予以限制,其在没有束缚的情况下往往铤而走险改变合同约定的贷款用途,通过关联交易或虚假的贸易将公司贷款挪作私用。当贷款到期后,实控人缺乏还款意愿的意思转化为公司的意志,贷款演变为不良资产。"三个办法"[①]的立法宗旨很明确:管好贷款用途,监测资金流向。所以,约束住实控人,管好贷款用途,才能控制住公司贷款风险。

二、法律对于实控人的约束有限且举证困难

(一) 法律约束有限

《公司法》虽无专门针对实际控制人侵害债权人利益的救济规定,但

[①] 《固定资产贷款管理办法》《流动资金贷款管理办法》《个人贷款管理办法》。

有相关可追究责任的规定：

1. 法人人格否认制度。《公司法》（2023 年修订）第 23 条规定："公司股东滥用公司法人独立地位和股东有限责任，逃避债务，严重损害公司债权人利益的，应当对公司债务承担连带责任。股东利用其控制的两个以上公司实施前款规定行为的，各公司应当对任一公司的债务承担连带责任。只有一个股东的公司，股东不能证明公司财产独立于股东自己的财产的，应当对公司债务承担连带责任。"实际控制人若有类似滥用行为，可参照此条追究其对公司债务的连带责任。

2. 抽逃出资相关责任。《最高人民法院关于适用〈中华人民共和国公司法〉若干问题的规定（三）》（2020 年修正）第 14 条第 2 款规定："公司债权人请求抽逃出资的股东在抽逃出资本息范围内对公司债务不能清偿的部分承担补充赔偿责任、协助抽逃出资的其他股东、董事、高级管理人员或者实际控制人对此承担连带责任的，人民法院应予支持……"该条规定协助股东抽逃出资的实控人对股东的抽逃责任承担连带责任。

3. 清算相关责任。《最高人民法院关于适用〈中华人民共和国公司法〉若干问题的规定（二）》（2020 年修正）第 20 条规定："公司解散应当在依法清算完毕后，申请办理注销登记。公司未经清算即办理注销登记，导致公司无法进行清算，债权人主张有限责任公司的股东、股份有限公司的董事和控股股东，以及公司的实际控制人对公司债务承担清偿责任的，人民法院应依法予以支持。公司未经依法清算即办理注销登记，股东或者第三人在公司登记机关办理注销登记时承诺对公司债务承担责任，债权人主张其对公司债务承担相应民事责任的，人民法院应依法予以支持。"该条规定公司未经清算即办理注销登记导致公司无法进行清算的，实控人对公司债务承担清偿责任。

（二）债权人举证困难

根据谁主张谁举证的原则，人民法院会将有关实控人侵权的事实的举证责任分配给债权人，如证明实控人的存在的事实、实控人侵权的事实以及损失大小。法律上对实控人虽有约束，但因限制力度不够，且债权人难以举证，故无法有效控制信贷风险。需要商业银行主动识别实控人，通过合同约定方式设置实控人的法律责任，才能够有效控制风险。

三、识别实控人与责任设置

（一）识别的方法

1. 公司经营状况。询问实控人公司日常经营状况，查看公司营业收入。走访上下游企业，甄别实控人真实情况。

2. 行业发展。通过各种渠道调查贷款公司所在行业状况。询问实控人公司所在行业当前行情及所在区域竞争状况，听取行业情景预测分析，判断实控人分析能力。

3. 公司发展规划。询问实控人公司未来发展规划。了解公司业务目标、投资计划、人才培养、债务处置等宏观规划。

4. 公司融资需求。认真询问实控人本次融资需求，具体贷款用途。结合对公司经营状况、盈利情况、行业情景、管理能力、核心产品等调查信息，判断融资需求的客观性。

5. 查阅公开信息。查阅工商登记资料：可到国家企业信用信息公示系统等平台查询，其中的股东信息、股权结构、法定代表人等信息能提供初步线索。查阅上市公司公告：上市公司需按规定披露实控人信息，在招股说明书、定期报告、临时公告等文件中，对实控人的认定、变更等有详细说明。

6. 分析股权结构。穿透式核查：从公司股东往上追溯，查看各级股东的股权关系和控制情况，直至找到最终的控制主体，可借助天眼查、企查查等工具，穿透多层股权结构，发现背后的实际控制人。关注一致行动人：虽某些股东单独持股比例不高，但与其他股东存在一致行动协议，共同控制公司，将这些股东的持股比例合并计算，可更准确判断实控人。

7. 研究公司治理结构。董事会和管理层：观察董事会成员构成、管理层任免等，若某人能主导董事会和管理层的选任，对公司决策有重大影响力，可能是实控人。股东会议事规则：分析股东会议事规则中关于表决权、重大事项决策等规定，看是否有股东能凭借特殊规则对公司重大决策施加决定性影响。

8. 调查资金流向和经营决策。资金流向：分析公司与股东及关联方之间的资金往来，若某股东能随意调配公司资金，可能是实控人。经营决策：了解公司重大经营决策过程，若某人在项目投资、产品研发、市场拓展等关键决策中起主导作用，即使无直接股权关系，也可能是隐藏的实控人。

9. 通过监管机构查询。调查人员可通过人脉关系向贷款公司的监管机构打听有关实控人的信息。如贷款公司注册地的市场监督管理部门、税务部门、公司所属行业的监管机构，通常这些监管机构在行政执法时对贷款公司实控人有一定的了解。

（二）责任设置

多数商业银行对于公司贷款业务一般会要求股东配合订立连带保证合同，约定股东对公司贷款承担连带保证责任。这种合同设计能够保障第二还款来源，当公司不履行还款责任时由股东承担清偿责任。建议商业银行将这种合同设计也用在实控人身上，能够起到有效约束实控人的目的。具体操作如下：

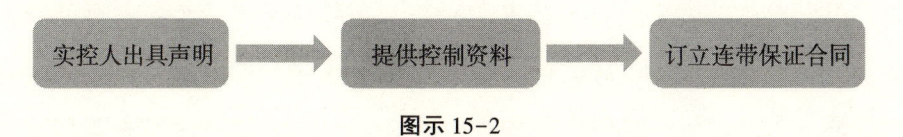

实控人出具声明 → 提供控制资料 → 订立连带保证合同

图示 15-2

首先，实控人出具声明或承诺。识别实控人后，贷款人应要求实控人出具声明书或承诺书。具体内容至少应涵盖如下信息：姓名×××，身份信息（身份证号码），系某公司实控人。实控人通过何种方式控制公司（如代持协议）。家庭成员信息（配偶、子女姓名及身份证号码）。

其次，实控人提交控制公司的相关材料。如通过代持方式控制，需提交代持协议原件。客户经理需要核实原件后保留复印件。同时需当面向工商登记的代持股东核实代持协议真伪，并要求代持股东出具对实控人无异议的声明。如通过一致行动人协议控制公司的，需提交一致行动人原件，并核实真伪。如果通过多层股权关系间接控制贷款公司的，需提交持股凭证或工商登记信息。

最后，订立连带保证合同。多数商业银行在识别实控人后，仅要求实控人与自己订立连带保证合同。只有实控人订立的连带保证合同的情况下，人民法院对于担保债务一般会认定为个人债务。笔者建议，除实控人外，还要坚持让实控人配偶与成年子女一并与实控人签订连带保证合同。如此可以确保实控人的家庭财产作为还款来源。配偶一同签订连带保证合同，担保之债成为实控人夫妻共同债务。成年子女一同签订连带保证合同，是为了防止实控人夫妻为逃避金融债务将共同财产赠与成年子女。实践中，客户经理对于实控人的成年家人没有提出要求订立连带保证合同，或者态度不坚决，导致实控人心存侥幸，在心理试探上占了上风，最后前功尽弃。

对于实控人未成年子女，根据《民法典》第35条规定，未成年人为监护人控制的公司提供担保，即使监护人予以追认，但侵害了未成年人合法权益，连带保证合同无效。故贷款人无必要要求未成年人签订连带保证合同。如果实控人家庭财产全部或部分转移到了未成年名下，贷款人可否申请执行该未成年人名下的财产？一般情况下，监护人对外有债务，债权人不能直接执行监护人的未成年子女名下的财产。但在某些特定情形下可以执行。这些特定情形主要包括：（1）财产来源不正当或与债务有关：若有证据表明未成年子女名下的财产是监护人恶意转移以逃避债务，如监护人在欠债后将财产过户到未成年子女名下，法院可认定该行为无效，从而执行该财产。（2）财产属于家庭共有：若未成年子女名下财产无法证明是通过继承、奖励、报酬、收益或父母之外第三人的赠与等合法来源取得，且家庭主要经济来源依赖监护人，法院可能认定该财产为家庭共有财产，在监护人财产不足以清偿债务时，可执行未成年子女名下的这部分共有财产。（3）财产实际用于家庭经营或生活：即便财产登记在未成年子女名下，但若一直由监护人用于家庭经营或共同生活，如将登记在未成年子女名下的房屋作为家庭经营场所，法院可将其视为家庭共同财产予以执行。

四、实务操作与风险提示

提示一：树立识别实控人的风险意识。对于公司类贷款业务，商业银行需能识别实控人并有效设置合同责任，如此才能有效防止贷款被挪用的风险。

提示二：掌握识别实控人的方法技巧。在常规动作的基础上不断总结经验，不同地域的信贷环境和不同的风险偏好都会影响实务中的操作方法，有时候土办法可能更有效。

提示三：制定实控人声明模板并保留穿透控制的证明材料。为方便客户经理操作，商业银行应当事先制定好实控人声明或承诺的模板，避免客户经理自己制定时缺少关键要素。对于实控人的控制方式，在穿透后核实相关证明材料并留存档案。

提示四：通过合同设置连带责任。最有效的方式是让实控人承担公司贷款的连带清偿责任，通过责任的设置约束其审慎使用贷款，按时偿还贷款。实控人是一笔贷款的最终受益者，其以家庭财产作为保障贷款的清偿，从权利义务对等原则来看，商业银行要求实控人及其成年家人订立连带保证合同，并未显失公平。商业银行关于对公贷款的风险控制与操作规范，需要从底层逻辑上加强风控意识，从源头上约束住实控人。

第十六讲　新《公司法》背景下公司决议审查标准的重新审视

2023年10月底召开的中央金融工作会议强调，要全面加强金融监管，有效防范化解金融风险。2024年12月中央经济工作会议提出，有效防范化解重点领域风险，牢牢守住不发生系统性风险底线；稳妥处置地方中小金融机构风险。全国人大常委会于2023年12月29日通过了《公司法》第二次修订，自2024年7月1日起施行。《公司法》[①]对公司决议作了更加完善的规定，比如首次明确了有限公司和股份公司股东会表决比例，又比如国有独资企业的决议规则。商业银行等金融机构应当根据新法的规定，及时完善对公类贷款公司决议的审查标准和操作流程，以免发生系统性金融风险。本文依照《公司法》《民法典担保解释》有关公司决议新规定，围绕金融机构对公业务的信贷特点，提出审查公司决议的新标准以及如何在信贷实务中规范操作。

一、公司对外担保必须出具决议

公司作为典型的营利性法人，包括对外担保等重大经营决策必须体现公司的真实意志，所以公司制度中以股东会决议或董事会决议作为公司自治的表现形式。公司对外提供担保时出具公司决议是否为必要的前

[①] 本讲讨论的《公司法》均为2023年新修订的《公司法》，以下不另外提示。

置程序？未出具公司决议的法律后果是什么？同样，作为重大经营活动的借款事宜，公司是否也必须出具公司决议？

（一）树立"公司担保必决议"的风险意识

金融机构关于对公业务（包括普惠信贷中的小微企业），首先要树立一种风险意识，即"公司担保必决议"。这种意识既是合规性要求，也是合法性要求。依照《公司法》第15条以及《民法典担保解释》第7条、第8条的规定，公司为他人提供担保，由股东会或董事会决议。该规定系强制性、效力性规定。一旦违反，担保合同无效。这里的风险反映在两方面，一是公司压根未出具决议，二是公司所出决议存在重大瑕疵。两种行为导致的风险都是担保合同无效。

【典型案例一】

案例检索：某银行与余某、某公司等金融借款合同纠纷一审民事案[①]，案号：（2024）渝0102民初4915号

裁判观点：《公司法》第15条第2款规定："公司为公司股东或者实际控制人提供担保的，应当经股东会决议。"本案中，被告某公司系有限责任公司，股东为代某、余某，且在签订案涉合同时被告向原告提供了某公司的公司章程，诉讼中被告代某陈述该担保合同的订立未经股东会决议，原告亦陈述没有审查股东会决议文件，故该《最高额保证合同》对被告某公司不发生效力。但被告某公司内部管理不规范，使债务人具备代为缔约的合理外观；原告明知某公司股东情况，未尽到审查股东会决议文件的注意义务，双方对担保合同无效均有过错，故本院依法酌定被告某公司承担债务人不能清偿债务部分50%的赔偿责任。

---

① 载中国裁判文书网，https://wenshu.court.gov.cn/website/wenshu/181107ANFZ0BXSK4/index.html？docId = xtjW9zhB4byIkJYeIoR0NdjizaBDO9qEiyiMX7FOmVB3CrebwQXSkL/UKq3u + IEo4xrhYIUL6n/GD6LQ7ng5tkAliU8nguV0GmR0PFBl6r1/995OxpFyC23E/t2Zwhzvc，最后访问时间：2025年3月23日。

（二）公司对外担保无需决议的三种例外情形

凡事都有例外，法律作出原则性规定后，一般会留下一个"但书"的口子，即特殊情形下存在例外的规定。《民法典担保解释》第8条规定了公司对外担保无需公司决议的三种例外：（一）金融机构开立保函或者担保公司提供担保；（二）公司为其全资子公司开展经营活动提供担保；（三）担保合同系由单独或者共同持有公司三分之二以上对担保事项有表决权的股东签字同意。例外一的意思是说：金融机构自身为他人开立类似担保的保函时，无需决议。本文讨论的是公司为金融机构提供担保的情形，故金融机构的保函不涉及本文讨论范围；担保公司提供担保无需决议，因为担保公司本身的经营范围就是融资担保服务且已取得地方政府金融管理部门的行政许可，故无需再走决议程序。例外二的意思是：子公司借款，母公司为子公司提供担保，且子公司是其全资子公司时，即母公司100%控股子公司，母公司无需出具决议。这里普及一个公司方面的常识，关于母子公司的关系，既包括母公司100%控股，也包括母公司绝对控股、相对控股或特殊协议安排的方式控制子公司。例外二的情形只适用于100%控股的情形，千万别混淆。例外三的意思是：提供担保的公司形式上未出具公司决议，但担保合同上有持有该公司三分之二以上对担保事项有表决权的股东签字同意，依照《民法典合同编通则解释》第15条"根据合同的内容认定合同性质及法律关系"的规定，应视为实质上出具了股东会决议，故此情形无需再出具公司决议。

需要说明的是，上文中强调金融机构要树立"公司担保必决议"的意识，是为了将该原则深入信贷人员的内心。如果信贷人员记不住例外的三种情形，那就要求所有公司出具公司决议，顶多"画蛇添足"，起码无法律风险。

（三）公司借款应参照公司担保的规定出具决议

"法无禁止即自由"，只要公民不违反法律的强制性规范，公权力机关就不能以任何名义干涉公民的行为。《民法典》等民商事法律仅规定公司对外担保需要出具公司决议，未规定公司借款也需要出具公司决议。那么是不是说公司向金融机构借款时就无需出具公司决议了呢？从合法性角度讲，公司借款时无需出具公司决议，其与金融机构订立的借款合同不因未出具公司决议而无效；从合规性角度说，商业银行内部监管制度要求贷前阶段的客户经理和贷中阶段的审查人员都必须要求借款人公司出具公司决议，后该贷款才可能被审批通过。2024年笔者调研过的上百家商业银行，这些银行无一例外地要求借款的公司必须出具公司决议。公司法定代表人超越代表权或代理人无代理权与商业银行订立借款合同，而后挪用贷款。这种行为一是侵害了股东的合法权益；二是增加了贷款风险，演变为不良贷款；三是很可能产生刑事案件，引发舆情。所以，信贷业务既要恪守法律风险的底线，也要遵守合规风险的要求。

提醒注意，关于公司借款的公司决议审查标准同公司担保一致。

二、公司决议审查标准及操作规范

（一）公司决议审查的标准

公司对外担保所出具的公司决议，其决议机构和表决程序、召集程序均需符合法律规定，笔者将该规定称为人民法院认定公司决议有效的标准，同时也应作为金融机构审查公司决议合法性的标准。《民法典担保解释》第7条第3款规定："第一款所称善意，是指相对人在订立担保合同时不知道且不应当知道法定代表人超越权限。相对人有证据证明已对公司决议进行了合理审查，人民法院应当认定其构成善意，但是公司有证据证明相对人知道或者应当知道决议系伪造、变造的除外。"用信贷语言概括该条司法解释的大致意思：商业银行等金融机构在与公司订立担保合同时，如果金融机构已对公司决议尽到了"合理审查"义务，就应认定金融机构是善意的，担保合同对公司发生法律效力，公司应当承担担保责任。

（二）"三步法"尽到审查义务

金融机构实务中如何操作才能满足"尽到了合理审查义务"？司法解释规定了审查标准，但该标准比较抽象，金融机构应当如何操作才能最大限度确保公司决议有效？在新《公司法》实施后，金融机构是否及时完善了操作规范？若操作规范不能符合"尽到了合理审查义务"，将导致担保合同无效。同期办理的公司担保业务将面临系统性法律风险。结合法律规定、信贷业务特征及审判实践，笔者首次提出审查公司决议的"三步法"操作指引，既方便了信贷人员实务操作，也能够满足法律规定的审查标准。2024年笔者在100多家商业银行中提出了"三步法"操作指引，事后得到"简单实用"的积极反馈。"三步法"操作指引具体步骤如下：

1. 调取。金融机构的客户经理亲自到公司住所地市场监督管理局调取拟提供担保的公司工商档案，主要包括公司章程、股东信息及董事信息。第一步操作非常简单，因为简单反而多数客户经理不愿意亲自去做。实践中，客户经理会选择电话通知公司的法定代表人或财务主管，告知其提供上述资料。部分客户经理审慎起见，还会让上述人员在交付的资料上加盖公司印章，以确保资料的真实性。公司章程是公司设立的基础、公司治理的准则、股东权益的保障以及公司运营的规范。公司对外担保的议事机构、表决方式、召集程序等均应规范在公司章程中。笔者认为，如果公司法定代表人将篡改过的公司章程提交给客户经理，事后公司抗辩该章程与工商备案的章程不一致，应以工商备案的为准。人民法院最终会采纳工商备案的章程。因为，工商备案的章程对外具有公示公信力。金融机构基于篡改过的章程审查公司决议，其后果面临担保合同无效的风险。至于法定代表人的欺诈行为，应通过其他法律程序追究其法律责任。这里再次提醒，涉及公司对外担保的行为，法律刻意限制了法定代表人的代表权限，增加了债权人必须审查更能体现公司意志的公司决议的义务。所以笔者建议，金融机构必须要求贷前阶段客户经理亲自调取公司章程、股东信息及董事信息等工商材料。

2. 审查。客户经理调回来公司工商档案后要认真审查公司章程。审查公司章程时重点审查有关公司对外担保事宜的约定，如决议机构是股东会还是董事会；股东会和董事会各自如何进行表决等。金融机构在审查公司章程时会碰到两种特殊的情况：一是公司章程未约定或约定不明；二是公司章程约定和法律规定相冲突。上述两种情况恰是金融机构面对审查依据存在争议的主要难题。

关于公司章程未约定或约定不明的情形。客户经理经常会碰到一些中小企业法人的公司章程未对公司对外担保事宜进行约定或约定不明确，这种情况审查公司决议的依据如何变通？此种情况在实践中比较普遍，一些中小型公司通过工商中介快速办理注册手续，未对公司章程进行有针对性的设计，只是套用了粗糙的章程模板，对于像公司对外担保等重大事项的决议程序只字不提。笔者认为，当没有公司章程约定的情况下，金融机构应当依照《公司法》有关公司决议的规定审查公司决议，如此才能符合"尽到了合理审查义务"的标准。关于公司章程约定和法律规定相冲突的情形。当公司章程对担保事宜做了详细约定，此时法律对此也有明确规定且两者相冲突、相矛盾，此时如何抉择？课堂上我提出此问题时，大部分信贷人员斩钉截铁地回答：肯定选择法律规定！笔者认为，公司章程约定和法律规定冲突时，哪个标准高就选谁！公司章程是公司自治的意志体现，法律规定是法律行为最低的风险要求，当两者冲突时，没有绝对的标准，也无法做到完美的平衡，只能尽到更高的注意义务。笔者把这种抉择的原则称为"就高不就低",该原则更准确地契合了《民法典担保解释》第7条规定的"善意"标准。

3. 掌握。金融机构信贷人员要掌握《公司法》关于公司决议的相关规定。上文提到无论公司章程未约定或约定不明确的情形,抑或是章程约定与法律规定相冲突的抉择规则,都需要金融机构调查与审查人员对法律有关公司决议的规定非常熟悉,尤其是《公司法》的规定,重点掌握《公司法》关于决议机构和表决程序两方面的规定。

(三) 新《公司法》关于公司决议的规定

1. 决议机构的正确选择

依照《公司法》第15条第1款的规定,公司为他人提供担保,按照公司章程的规定,由董事会或者股东会决议。该规定充分体现公司自治原则,即公司对外担保由谁来做决议机构,原则上交给公司自己说了算。股东会是公司治理的权力机构、决策机构,董事会是公司治理的执行机构,董事会的权力大小由股东会授权。不言自明,股东会地位高于董事会。

公司自治原则并非绝对的,当公司为股东或者实际控制人提供担保的,为了保护其他中小股东的合法权益,《公司法》做了强制干预,该法第15条第2款规定:"公司为公司股东或者实际控制人提供担保的,应当经股东会决议。"该规定意思很明确,当借款人是股东或实际控制人时,公司提供担保的,决议机构必须是股东会。哪怕公司章程明确约定公司对外担保"一律是董事会",也应按照《公司法》的强制规定执行。另外,上文提到章程约定与法律规定冲突时的抉择规则"就高不就低",也能轻易解决这个难题。关于股东会的表决程序,《公司法》第15条第3款规定:"前款规定的股东或者受前款规定的实际控制人支配的股东,不得参加前款规定事项的表决。该项表决由出席会议的其他股东所持表决权的过半数通过。"该款规定明确股东或实际控制人是借款人时,其本人必须回避，其享有的表决权不得行使。实践中，有相当一部分商业银行在面对公司为股东提供担保时，仍要求股东（借款人）在股东会决议上发表"我同意为自己担保"的意见。此行为，违反了法律规定。至于该瑕疵是否影响公司决议的效力问题，笔者认为，依照《公司法》的规定，该瑕疵属于轻微瑕疵，对决议未产生实质影响，不应因此认定公司决议无效。在剔除掉该股东（借款人）的表决权后，只要剩余股东的表决权符合过半数通过，则应认定该股东会决议有效。提醒注意，此处过半数的"基数"是剩余股东表决权之和。

这里需注意，如果一人股东有限公司为唯一股东提供担保的，依照上述规定该股东需要回避，尴尬的是又没有其他股东，此种情况还能否提供担保吗？如果能提供担保，又该如何表决？《民法典担保解释》第10条规定："一人有限责任公司为其股东提供担保，公司以违反公司法关于公司对外担保决议程序的规定为由主张不承担担保责任的，人民法院不予支持……"最高人民法院认为[①]，可将一人公司为股东提供担保理解为公司为自己的债务提供担保，自然无需公司决议。所以笔者认为，面对一人有限责任公司为股东提供担保时，不要求出具公司决议，只签订担保合同即可。但建议该股东在担保合同上签字（自然人股东）或签章（法人股东）。实践中，多数金融机构为了内部合规性要求，仍会要求该一人股东出具股东会决议。笔者认为，虽画蛇添足，但无法律风险，可以维持之前做法。

2. 表决程序的合法性审查

公司决议的表决程序主要表现在议事方式、表决比例、召集程序等方面。《公司法》关于股份公司、有限公司及国有独资企业表决程序的规定有相同点，如董事会表决程序是相同的；也存在差别，如股东会表决程序不一致，故分开讨论为宜。

[①] 最高人民法院民事审判第二庭主编：《最高人民法院民法典担保制度司法解释理解与适用》，人民法院出版社2021年版，第163页。

(1) 有限公司表决程序

关于股东会表决程序的规定。《公司法》第66条规定："股东会的议事方式和表决程序，除本法有规定的外，由公司章程规定。股东会作出决议，应当经代表过半数表决权的股东通过。股东会作出修改公司章程、增加或者减少注册资本的决议，以及公司合并、分立、解散或者变更公司形式的决议，应当经代表三分之二以上表决权的股东通过。"表决程序分普通决议和特别决议，公司对外担保不属于修改公司章程等重大决策事项范围，股东会表决程序应为普通决议，故比例应为"应当经代表过半数表决权的股东通过"。与修订前的《公司法》相比，《公司法》（2023年修订）首次明确了股东会的普通决议的表决比例，之前法律或司法解释只规定了特别决议表决比例。在适用该规定时，一部分信贷人员对股东会表决比例的理解存在分歧："代表过半数表决权的股东通过"中的"过半数"指的是谁占谁的半数？是以所有股东全部表决权作为基数，还是以出席会议的股东表决权作为基数？最高人民法院认为①，有限公司股东会表决比例与股份公司股东会相同，但表决权比例的计算基数与之不同：有限公司股东会以全部表决权为基数，股份公司股东会以出席会议的股东代表的表决权为基数。所以，这里的"过半数"是指同意担保事宜的股东所持表决权占全体股东的表决权达到过半数。这里的"过半数"，不包含本数。此处的全体股东既包括参会股东也包括未参会的股东。切莫理解为同意担保事宜的股东所持表决权占参会股东的表决过半数，前后两者结果迥然不同。举例说明一：小红、小白和小黑是A农业科技有限公司的三位股东，分别持股70%、20%、10%。公司章程未约定对外担保决议事宜。A公司为讨论是否为B公司提供连带保证担保召开了股东会。小红未参加，小白和小黑参加了股东会并进行了表决。小白和小黑均表示同意为B公司提供连带保证担保。问：该股东会表决

---

① 最高人民法院民事审判第二庭主编：《中华人民共和国公司法理解与适用》，人民法院出版社2024年版，第311页。

程序有效吗？答：表决程序无效。小黑和小白的表决权之和占全体股东表决权的比例只有 30%÷100%×100% = 30%，该结果未达到过半数比例，所以表决程序无效。因为之前的法律或司法解释对股东会表决比例未有规定，实践中多数商业银行习惯按照过三分之二表决权股东通过的比例来制定审查标准。笔者认为，《公司法》已开始实施，当公司章程未约定股东会需更高表决比例时，应当及时调整内部操作要求，按照"过半数"比例审查即可。在确保合法性和审慎经营前提下，尽量降低企业融资门槛，如此既提高了商业银行自身的竞争力，又契合了当下"做好五篇大文章"[①] 之普惠金融政策精神。

关于董事会表决程序的规定。《公司法》第 73 条规定："董事会的议事方式和表决程序，除本法有规定的外，由公司章程规定。董事会会议应当有过半数的董事出席方可举行。董事会作出决议，应当经全体董事的过半数通过。董事会决议的表决，应当一人一票。董事会应当对所议事项的决定作成会议记录，出席会议的董事应当在会议记录上签名。"提醒注意，董事会的议事方式与股东会不同，采用一人一票的表决方式。正确适用上述关于董事会表决程序的规定，核心是正确理解"两个过半数"，第一个是应当有过半数的董事出席；第二个是应当经全体董事的过半数通过。实践中容易出错的地方是第二个"过半数"，一部分信贷人员理解为同意担保事宜的董事占参会董事的过半数。特此纠正，第二个"过半数"必须是占全体董事的过半数，既包括参会的董事，也包括未参会的董事。

《公司法》第 124 条作出了关于股份公司董事会议事方式、表决比例等表决程序的规定。股份公司董事会表决程序的规定同有限公司一致，下文关于股份公司董事会表决程序不再赘述，仅分析股东会表决程序。

[①] 是指 2023 年 10 月召开的中央金融工作会议上首次提出了要做好：科技金融、绿色金融、普惠金融、养老金融、数字金融。

(2) 股份公司股东会表决程序

《公司法》第116条规定："股东出席股东会会议，所持每一股份有一表决权，类别股股东除外。公司持有的本公司股份没有表决权。股东会作出决议，应当经出席会议的股东所持表决权过半数通过。股东会作出修改公司章程、增加或者减少注册资本的决议，以及公司合并、分立、解散或者变更公司形式的决议，应当经出席会议的股东所持表决权的三分之二以上通过。"依照上述规定，股份公司股东会表决比例为"应当经出席会议的股东所持表决权过半数通过"。此处的"过半数"是指同意担保事宜的股东所持表决权占参会股东的表决权过半数。这与有限公司的股东会表决程序截然不同，前者要求占参会股东的表决权过半数，后者要求占全体股东的表决权过半数。举例说明二：假设情形同上面的案例举例说明一，此时小红、小白和小黑所持股的公司升级成了 A 股份公司。董事会通知三位股东就担保事宜召开股东会。小红未参加股东会，小白和小黑参加了股东会并进行了表决。小白和小黑均表示同意为 B 公司提供连带保证担保。问：该股东会决议表决程序有效吗？答：表决程序有效。小黑和小白同意担保的表决权之和占参会股东表决权的比例是 $30\% \div 30\% \times 100\% = 100\%$，该结果远超"过半数"比例，所以表决程序有效。

在适用《公司法》规定的股份公司股东会表决比例的规定时，信贷人员在操作中极易产生重大风险。如举例说明二中，假设董事会未通知持股 70% 的大股东小红参加股东会，小红事后抗辩其对股东会讨论担保事宜不知情，导致未能行使表决权，故主张股东会决议无效。法院对此是否采纳？笔者认为，法院会将公司是否通知到了小红的举证责任分配给贷款人。如果贷款人未能举证证明该事实，说明贷款人关于公司决议未尽到合理的审查义务。如果通知到了小红，其未参会，视为其自愿放弃了表决权；未通知到小红，致使其未行使表决权的，召集程序不合法且表决比例未达到"过半数"，故股东会决议无效。《公司法》关于股东会召集程序的规定极其复杂：首次明确规定召集方式和表决程序可以通过电子通信方式，如微信、邮箱、短信、QQ等。董事会负责召集股东会的召开，董事会不履职时由监事会召集，监事会不履职时，由十分之一以上表决权股东负责召集。股东会由董事长主持，董事长不履职时由副董事长主持，副董事长不履职时由过半数推荐的董事主持。如果持股超过50%以上的控股股东未出席股东会，信贷人员必须调查召集程序并保留证据，避免控股股东事后抗辩未收到召集通知。

笔者在调研时发现，尽管《公司法》实施一段时间，多数商业银行对于股份公司股东会决议的审查标准仍然按照过去的习惯性做法操作，即同意担保的股东的表决权占全体股东的表决权过三分之二比例。并未依据新规定按照占比参会股东的表决权比例做出调整。笔者认为，关于"占谁的比例"问题，赞同商业银行保留过去的审查习惯，即"占全体股东的表决权……"如此可以避免审查召集程序的义务。关于"占比多少"问题，建议按照新规定调整，理由同有限公司的分析。两方面结合起来，笔者给出的建议是：商业银行等金融机构审查股东会表决程序时，不论股份公司还是有限公司，一律按照有限公司股东会决议审查的标准操作，即"同意担保事宜的股东所持表决权占全体股东的表决权达到过半数"。

（3）国有独资企业表决程序

《公司法》第172条规定："国有独资公司不设股东会，由履行出资人职责的机构行使股东会职权。履行出资人职责的机构可以授权公司董事会行使股东会的部分职权，但公司章程的制定和修改，公司的合并、分立、解散、申请破产，增加或者减少注册资本，分配利润，应当由履行出资人职责的机构决定。"如地方政府财政局或国资委设立的国有独资企业，履行出资人职责的机构即是财政局或国资委。当其提供担保的，由财政局或国资委出具同意担保的书面函件。当财政局或国资委关于担保事宜授权给公司董事会的，则由董事会出具决议。金融机构在操作此类担保业务时，国有独资企业主张董事会出具决议的，注意向其索要履行出资人职责的机构的授权委托书。

（4）表决程序需注意的其他事项

①公司为股东或实际控制人提供担保的，注意回避制度。以及一人有限公司为其股东提供担保的例外情形。上文"决议机构的正确选择"部分已详细论述。

②公司章程未约定表决程序，依照法律规定审查；公司章程约定的表决比例与《公司法》规定相冲突时，建议采取"就高不就低"的原则。

③《公司法》第 65 条、第 116 条规定公司章程可以约定"同股不同权"，如公司章程约定持有 10% 的股东享有 90% 的表决权。提醒信贷人员必须按照特别约定的表决权审查表决比例问题。

④《公司法》第 15 条规定公司章程可以约定"年度担保额度""单笔担保限额"等约束性条款。提醒金融机构，切莫超过上述限额，超过部分担保无效。信贷人员要认真审查公司章程类似限制性约定。关于"年度担保额度"，建议要求股东会决议内容表明包括本笔担保业务在内的本年度累计担保额度未超过章程限制的担保额度。关于"单笔担保限额"，如果本笔担保金额超过了章程的单笔限额，审查人员要么要求公司修改公司章程，要么降低贷款额度。

3. 公司决议审查形式应为形式审查

①入库案例明确了审查形式。公司决议形成的过程需不需要信贷人员在场监督，以确保股东或董事本人签字。如果需要，公司决议审查方式为实质性审查，即面签。如果不需要，公司决议审查形式为形式审查或书面审查。这是信贷人员普遍关心的问题。很明显，前者要求更加严格。最高人民法院《人民法院案例库建设运行工作规程》自 2024 年 5 月 8 日起施行。该司法文件指出，针对同一具体法律适用问题收录的参考案例一般不超过两件。各级人民法院审理案件时，应当检索人民法院案例

库，严格依照法律和司法解释、规范性文件，并参考入库类似案例作出裁判。各级人民法院审理案件时参考入库类似案例的，可以将类似案例的裁判理由、裁判要旨作为本案裁判考量、理由参引，但不作为裁判依据。公诉机关、当事人及其辩护人、诉讼代理人等提交入库案例作为控（诉）辩理由的，人民法院应当在裁判文书说理中予以回应。该司法文件明确了"人民法院案例库"的权威性。关于公司决议的审查形式，"人民法院案例库"于 2024 年对此收录了参考案例。

【典型案例二】

案例检索：曹某萍与尹某旎执行复议案[①]

裁判观点：公司为被执行人提供执行担保的，执行法院应对董事会或者股东会是否符合公司章程进行形式审查。公司为被执行人提供执行担保的，应当提交符合《公司法》第 16 条规定的公司章程、董事会或者股东会、股东大会决议。据此，执行法院需对担保人提供执行担保的效力予以一定程度的审查认定，主要涉及对决议机关及表决程序是否符合公司法及公司章程进行形式审查。如决议机关及表决程序不符合公司法及公司章程规定，则该执行担保的形式要件欠缺，执行法院不应据此直接执行担保人的财产。

案例评析：上述参考案例对公司决议的审查形式明确为形式审查，主要涉及对决议机关及表决程序是否符合公司法及公司章程进行形式审查。

②形式审查的三个操作要素。形式审查不代表不审查，要掌握形式审查的操作要素。审查股东会决议时，重点审查三个要素：

一是决议上股东的签名是否为工商登记的股东。至于股东签名是否

[①] 《曹某萍与尹某旎执行复议案》，入库编号 2024-17-5-202-007，载人民法院案例库，https：//rmfyalk.court.gov.cn/view/list.html？key = qw&keyName =%25E5%2585%25A8%25E6%2596%2587&value = 2024-17-5-202-007&isAdvSearch = 0&searchType = 1&lib = cpwsAl_qb，最后访问时间：2025 年 3 月 23 日。

为股东本人所签不是形式审查的要求，而是实质性审查的要求。

二是同意担保的股东对应工商登记显示的持股比例合计达到了有效表决权比例。至于名义股东与实际股东之间的代持关系，对抗不了善意的债权人，除非主动将代持关系告知债权人。此时，债权人应要求实际控制人与代持人一并在股东决议上签名。

三是确保股东会决议来源合法。既然债权人审查公司决议的形式仅为形式审查，就必须保证公司决议的来源经得起推敲。这一点是多数商业银行忽略的细节，恰也是风险隐患。笔者提醒金融机构，务必审查交付公司决议的人员是否有代表或代理公司的权限。法定代表人享有法律赋予其代表公司履行职务的代表权，委托代理人享有授权范围内代理公司的代理权。代理人交付的，必须出具书面代理协议。当法定代表人或代理人交付公司决议时，建议其在公司决议上注明交付的时间并签名，经办的客户经理将交付过程拍照留存。董事会决议的形式审查要素同股东会，只需注意董事会议事方式与股东会之间差别即可。

举例说明：B饲料公司的法定代表人将该公司为借款人A食品公司提供保证担保的股东会决议交付给C银行的客户经理小白。后三方签订了借款合同和保证担保合同，并发放了贷款。借款到期后，A食品公司未还款，C银行将A食品公司、B饲料公司起诉至法院。B饲料公司抗辩称，股东会决议上的大股东小黑（持股70%）的签名非本人所签，故申请笔迹鉴定。C银行抗辩称，股东会决议上有包括小黑和另一名股东（持股30%）的签名，该签名是工商登记的股东且合计达到了有效持股比例，符合形式审查的要求，故股东会决议合法有效。B饲料公司的笔迹鉴定申请没有必要，请求驳回其鉴定申请。审理法院应当采纳C银行的抗辩意见。假如提交股东会决议的是B饲料公司的财务主管，且未出具书面代理协议。此时，如果B饲料公司进一步抗辩称，财务主管未经B饲料公司书面授权办理担保事宜，其交付的股东会决议不真实，不能代表公司真实意思表示，应当以鉴定为准。审理法院很可能采纳B饲料公司的意见，启动笔迹鉴定程序。

③有效融合内部合规与法律规定之间的差异。笔者在调研中发现半数的商业银行内部要求客户经理需要面签公司决议。法律上不要求面签，内部合规却要求面签，信贷人员很纠结。重新审视该问题，商业银行要不要调整公司决议的审查形式？笔者建议，无需改变旧有操作，只需改变法律意识。商业银行内部要求面签公司决议的目的，是确保公司决议的真实性，保障贷款安全，防止案件发生。所以可以保留过去的做法。法院审理金融借款纠纷时，商业银行在法庭上不必表明内部要求为面签程序，只需强调法律上审查义务为形式审查。防止审理法院按照银行自认的内部要求将审查标准定为实质性审查。明智的做法一定是最大可能地减少自身的审查义务，确保决议的有效性。

三、完善公司决议审查标准的建议

公司是最为常见的营利性法人，也是最为重要的信贷主体。其担保行为作为公司经营活动的主要活动必须体现公司的意志，而非法定代表人或某个股东的个人意志。所以法律规定公司担保的行为需通过公司决议体现公司的意志，审查这个过程恰是金融机构信贷风险出问题最多的地方。笔者把上文中提到的信贷法律风险问题最后做一总结，再次提醒金融机构信贷人员在办理公司信贷业务时必须控制操作细节，防范发生系统性风险。

1. 树立"公司担保必决议"的风险意识。记牢无需担保的三种例外情形，切莫记混。如果你记不住，那就一律要求出具公司决议。

2. 掌握"三步法"操作指引。公司章程很重要，所以要亲自调取，然后认真审查。要理解法律规定与章程约定之间的互补关系以及冲突时的抉择规则。审查公司章程和掌握法律规定，重点把握两个要素，一是谁来当决议机构，要么股东会要么董事会；二是表决程序怎么进行，即股东会或董事会是如何议事的，表决比例多少算有效。

3. 牢记决议机构选择窍门。决议机构定谁依据章程，只有一种情况依据法律，即借款人或实际控制人是股东，必须定股东会。当章程未约定决议机构事宜，且借款人也不是借款人或实际控制人，稳妥起见，按照"就高不就低"的原则，笔者建议股东会作为决议机构。股东（实际控制人）作为借款人时，注意回避制度的适用。

4. 吃透表决程序规则。对于信贷风险而言，操作越简单风险越可控。建议股东会决议时，无论有限公司还是股份公司一律按有限公司"同意担保的股东表决权占全体股东表决权"的计算规则执行。关于表决比例，章程无约定，按法律规定；章程有约定，与法律规定相比按照"就高不就低"的原则确定标准。董事会决议表决程序注意"两个过半数"过的是全体董事的半数。

5. 严防公司章程设计阳谋。提供担保的公司针对担保行为专门为金融机构"量身定制"公司章程，并备案在工商部门。这不是阴谋，而是阳谋。像"同股不同权""年度担保额度""单笔担保限额"等，你能识别出来，就可以控制风险。你未能发现问题，就要面临决议无效的风险。

6. 确保公司决议来源合法。记住公司决议的审查形式为形式审查，更要确保公司决议的来源要合法。否则，形式审查转变成了实质性审查。

第十七讲　当下金融机构破解执行难的深层次探索

商业银行等金融机构有这样的感受，不良贷款执行难问题值得重视。一方面不良贷款的数量与去年比是增加的，另一方面金融强监管时代下不良贷款的清收任务越来越大。破解执行难，金融机构何去何从？

一、执行难现象分析与原因调查

当下，金融机构不良贷款的执行效果不佳，主要表现在：程序推动慢，执行异议应对差，强制措施适用少，拍卖变现率低等问题。原因分析：（1）司法环境的问题：个别地方法院执行不够到位。（2）金融机构自身的问题。金融机构清收人员普遍法律素养不高，法律素养体现在两方面：一是要懂得最新执行政策、法律依据及执行流程。这属于必要的法律知识或常识。二是要吃透执行理念和经验。执行是门艺术，法律是基础，思路才是王道，后者比前者更重要。主管清收的负责人法律素养不够，不懂如何管理案件，下面的人做的都是无用功。员工法律素养不够，不知如何与法院沟通，无法有效及时推动每一个执行节点，案件原地踏步，甚至还耽误工作，给单位造成更大的损失。

二、金融机构全力破解执行难的三处抓手

从当事人角度出发,既然无法改变司法环境,那就改变自己,整合有限的资源,全面提升法律素养,积极破解执行难题。我认为起码做到以下三点:

1. 领导搭台,员工唱戏。金融机构应当与辖区法院(执行案件数量集中管辖法院)建立良性且长期的对话机制。针对执行中的普遍问题和个案疑难问题,金融机构领导班子能够及时关注,并有效推动和化解。实践中,有很多问题,如降价幅度问题,负责清收的员工凭一己之力无法解决。

2. 掌握政策,提升技能。执行相关的法律法规、司法政策一直在推陈出新、实时在变,这些规范是推动程序和解决难题的依据。除了掌握必要的执行新规外,还得不断地总结、积累执行经验、技巧。比如说,法院委托评估机构评估抵押物确定参考价时,评估机构出具评估报告后,多少算合理?作为申请执行人的金融机构,你自己有没有心理预期,琢磨一下自己的抵押物在法拍阶段时多少价值能够接受。如果评估的参考价远高于或远低于你的预期,可以通过合法方式维护权益(比如向法院提出异议);又比如《最高人民法院关于人民法院网络司法拍卖若干问题的规定》规定一拍可最高降价30%,法院在参考价基础上一拍挂网拍卖时降价1%-30%,都是合法的。但是,作为申请执行人的金融机构,在合法的情况下,降多少才是合理的,即降多少才能符合债权人利益最大化呢?上述举例,都是会影响执行变现的重要因素,操作环节都是合法的,但是否符合申请执行人的最大经济利益?这种合理性是需要以执行经验、理念即执行艺术为基础的,充分地掌握才能在博弈中利益最大化。

3. 科学管理,有效调度。无论是执行新规、政策,还是经验、理念,金融机构清收人员要熟悉掌握,管理者更要懂。管理者如果无法正确判

断关键点和风险点，要么做出错误的安排，要么无动于衷，不能及时有效地发挥能动性解决困难，错过解决问题的时机，把问题搞得更复杂被动。所以领导要想管好不良贷款，调度好执行案件，首先自己要懂执行，得下点功夫研究。

三、关于金融机构执行理念的培养

短时间学会执行法规不难，但深谙执行之"道"不易。金融机构员工要在执行实践中摸索经验，尤其是总结吃亏的教训。管理者也要在案件调度协调中揣摩门道，快速推动执行程序，有效提高变现能力。我把这个"道"，理解为执行理念，通俗讲就是在执行重要环节，要不要干？怎么干？做个明白人。

（一）执行目标要清晰

金融机构申请执行每一笔不良贷款的目标是什么？某些管理者调度案件时，一味地求快，一周必须如何，一月必须如何……这样的管理方式不能说错了，但没效果。一方面原因是，管理者不懂执行流程。执行的基本流程是：案件生效后，先要执行立案，然后申请执行网络查控，而后催促法院向被执行人送达执行应诉手续。如果有抵押物，申请评估参考价，随后沟通法院降价多少，确定一拍挂网价值。一拍流拍后，再次沟通法院二拍降价幅度问题，确定二拍挂网价值。二拍流拍后，最后还有变卖程序。变卖失败后，法院会征求申请执行人是否接受以物抵债。金融机构不接受以物抵债的，还有最后的救济途径，申请新一轮评估拍卖程序。另一方面原因是，执行因地域的实际状况存在差异。面对上述现象，金融机构在执行不良贷款案件时，在了解执行程序规则和当地实际情况后，必须想明白自身关于不良贷款执行的目标是什么，才能处理好手段和目的的关系。结合当下金融机构的监管背景及金融不良贷款的特点，我认为，程序快是锦上添花，而穷尽所有程序使抵押物变现，是雪中送炭。前者是表象，后者是结果。手段有多种，目标只有一个，即把抵押资产和查封资产变现。

(二) 参考价格要合理

处置抵押物首先需要确定参考价，可以通过当事人议价、定向询价、网络询价及委托评估任一形式都可以确定参考价。稳妥起见，多数法院选择委托第三方评估机构确定参考价，由评估机构进行现场勘验并出具评估报告。在此环节，金融机构对于参考价的高低有没有心理预期？如果没有思考，此时会有两种刺激结果，一是可能是符合客观市场的评估报告，但可能远低于贷前调查阶段银行内部评估结果；二是可能得出一个明显高于当前市场的评估报告，但比较接近贷前时的内部评估结果。前者担心内部追责，后者担心面临流拍。我认为金融机构的领导有必要在执行立案后对于抵押物参考价提前做个预估。心理预期是多少？这个尺度不好把握。金融机构贷前调查阶段的内部评估结果普遍偏高，而当前房地产市场行情下滑等原因，并且法拍房成交价格也普遍低于市场价值，所以对于执行阶段评估报告低于贷前阶段的内部评估结果，金融机构应该有个预期，只要不要差距过于离谱，此情况属于正常现象。金融机构内部对于此现象，一方面应当制定差额情况下的尽职免责的文件，只要贷前行为符合监管规定，不因差额大小事后追责。另一方面，信贷业务部门与资产处置部门尽量相互独立。资产部门负责清收工作，减少顾虑，全力清收。如果不及时正面解决这个问题，金融机构有可能人为干预评估程序，拉近法拍参考价与信贷评估价的差距，如此必然导致抵押物参考价虚高，大概率面临流拍的结局。个人认为，在法拍阶段的抵押物参考价尽量接近市场价格，目的是把控执行重要环节加大执行变现力度。金融机构关于抵押物参考价的心理预期应当围绕法拍时的市场价，重点防止抵押人干预评估程序。高度关注评估结果，遭遇虚高的评估报告时，可以向执行法院提出异议，要求重新评估。

（三）网拍平台要选对

依照《最高人民法院关于人民法院网络司法拍卖若干问题的规定》第 2 条的规定，人民法院以拍卖方式处置财产的，应当采取网络司法拍卖方式，但法律、行政法规和司法解释规定必须通过其他途径处置，或者不宜采用网络拍卖方式处置的除外。不良贷款的抵押物绝大多数为厂房、土地、商业或住宅，均属于常见的财产类型，依照上述规定，都是通过网络平台进行的拍卖。最高人民法建立了网络拍卖平台入库制度，2016 年 11 月 25 日最高人民法院官网发布《最高人民法院关于司法拍卖网络服务提供者名单库的公告》，将以下五家网络服务提供者提供的网络司法拍卖平台纳入名单库（排名不分先后）：一、淘宝网，网址为 www.taobao.com；二、京东网，网址为 www.jd.com；三、人民法院诉讼资产网，网址为 www.rmfysszc.gov.cn；四、公拍网，网址为 www.gpai.net；五、中国拍卖行业协会网，网址为 www.caa123.org.cn。只要是在最高人民法院的名单库里，执行法院选哪家网络平台都合法合规。但是，这不同的网络平台拍卖效果可能大相径庭。从实践角度来说，选择知名度更高的平台更易得到民众的关注，拍卖成交的可能性也就越高。选择哪家网络拍卖平台，申请执行人可以向执行法官申请，尽量选择知名度较高的平台。

（四）降价幅度要果断

《最高人民法院关于网络司法拍卖若干问题的规定》第 10 条、第 26 条规定，网络拍卖一拍阶段，可在参考价的基础上最高下调 30%；一拍流拍后在二拍阶段，在一拍价值基础上最高可再下调 20%。从金融机构的利益角度出发，申请执行人请求执行法院降价还是不降，若申请降价降多少合适？绝大数的金融机构的清收人员对要不要降价的问题都能形成共识，那就是要"降"。但对于降幅问题，存在分歧。一部分人认为，不能上来就降到底，要根据抵押物的变现能力、能否覆盖债权本息等因素综合考虑降价幅度；另一部分人认为，应当直接降价到底。本人是赞成后者的做法，理由如下：一是不良贷款执行的最终目的是变现抵押物。绝大多数的商业银行已明确态度不再接受以物抵债，要的就是真金白银。二是分析各种因素来计算降级幅度不靠谱。起拍价既要覆盖债权本息，还希望能有人买走，既要卖得好，还要卖出去，是一厢情愿。三是法拍财产成交价值靠市场决定。充分利用降价政策，利用民众"捡漏"心理，吸引更多的竞拍人参与。客观确定参考价、最大幅度降价，吸引更多人参会竞拍，依靠市场竞价机制，平衡起拍价与市场价的差距，穷尽所能促成网拍成交。建议金融机构对于法拍降价问题，达成共识，不要犹犹豫豫。在与执行法院沟通中，态度明确，坚持降价到底，最大限度促成拍卖成交。通过降价措施，将抵押物拍出去既是金融机构的目标，也是执行法院的执行目的。

图书在版编目（CIP）数据

信贷法律风险预警与防范：核心风险 17 讲 / 李张平编著. -- 北京：中国法治出版社，2025.6. -- ISBN 978-7-5216-5359-5

Ⅰ.D922.282.4

中国国家版本馆 CIP 数据核字第 2025UF9514 号

责任编辑：李若瑶　　　　　　　　　　　　　　封面设计：李宁

信贷法律风险预警与防范：核心风险 17 讲
XINDAI FALÜ FENGXIAN YUJING YU FANGFAN: HEXIN FENGXIAN 17 JIANG

编著/李张平
经销/新华书店
印刷/三河市国英印务有限公司
开本/730 毫米×1030 毫米　16 开　　　　印张/ 13　字数/ 144 千
版次/2025 年 6 月第 1 版　　　　　　　　2025 年 6 月第 1 次印刷

中国法治出版社出版

书号 ISBN 978-7-5216-5359-5　　　　　　　　　　　定价：59.00 元

北京市西城区西便门西里甲 16 号西便门办公区
邮政编码：100053　　　　　　　　　　　　　　传真：010-63141600
网址：http://www.zgfzs.com　　　　　　　　编辑部电话：010-63141833
市场营销部电话：010-63141612　　　　　　　印务部电话：010-63141606

（如有印装质量问题，请与本社印务部联系。）